JN274031

ENGLISH FOR EVERY SCENE

シーン別 その場で通じる英会話

尾山 大 著
OYAMA masaru

太陽出版

はじめに

"現場"ですぐ役立つ英語を網羅！

　本書は、私たちが実際に英語を使う必要がある具体的なシーンを想定して、編まれたものです。

　全体は7章に分かれており、第1章は各シーンに共通した「必須の基本表現」で、第2章は「道案内＆つき合い」に欠かせない表現、第3章は「海外旅行」であなたの手助けになる表現、第4章では、「事故、病気・ケガ、物の紛失、数字の表わし方」など、日本人にとってやっかいで苦手な「トラブル関連表現」を収め、第5章は「電話で用いられる独特の表現」、第6章は「ビジネス会話の必須表現」、そして第7章ではすぐに口をついて出てこない「微妙なニュアンスを表わす表現」を網羅しています。

　各章の構成を見てわかるように、本書の主な狙いは単なる教養としての英語ではなく、実際の現場で即役に立つ英語を列挙したことです。また、各シーンの表現は必要最低限のものに限定し、完結させていますので、ページをめくって、あなたが必要だと感じたところから始めることができます。英語の必要にかられる読者のみなさんの一助になれば幸いです。

　最後に、本書を出版するにあたり、その機会をくださった太陽出版、編集に力を注がれたビルウッドのみなさんに謝意を表します。

著者

ENGLISH FOR EVERY SCENE

CONTENTS

1★ 通じる英会話—基本中の基本！

❶ 英会話の原点"応答のABC—"①
Sure. 12

❷ 英会話の原点"応答のABC—"②
Of course not. 14

❸ 英会話の原点"応答のABC—"③
Can't you swim？ Yes, I can. 16

❹ "つなぎ言葉"で会話は自由自在だ！
Apart from that,… 18

❺ 「許可」を求めるときは"記号"を使う
May I … ？ 20

❻ 「頼みごと」はこれで要領よくできる
Will you help me？ 22

❼ 「一緒にしましょう」はこう表現する
Shall we go shopping？ 24

❽ 数量①"多い・少ない"の表わし方
I have a lot of things to do. 26

❾ 数量②"ある程度"の表わし方
That's enough. 28

❿ 初対面での"挨拶"のし方はこれだ
Nice to see you. 30

⓫ 「聞き返し」は"はっきり"が大切
Pardon？ 32

⑫ 「…と思います」にはいろいろある
I hope he will get soon. ・・・・・・・・・・・・・・・34

⑬ 「誘う」「勧める」ときのうまい表現
How about another cup of tea? ・・・・・・・・・36

⑭ 上手な"断わり"にはやり方がある
Not just now, thank you. ・・・・・・・・・・・・・・38

⑮ "感謝""喜び"をどううまく伝えるか
Thanks a lot. ・・・・・・・・・・・・・・・・・・・・・・・・40

⑯ "味つけ用"の形容詞・副詞の使い方
It's very kind of you. ・・・・・・・・・・・・・・・・・42

2 ★ "道案内"や"つき合い"はこれでOK!

⑰ "道"を教える・たずねるときは①
Are you lost? ・・・・・・・・・・・・・・・・・・・・・・・46

⑱ "道"を教える・たずねるときは②
Is it far from here? ・・・・・・・・・・・・・・・・・・48

⑲ "乗りもの"に関する上手な表現①
Any train will do. ・・・・・・・・・・・・・・・・・・・50

⑳ "乗りもの"に関する上手な表現②
Where to? ・・・・・・・・・・・・・・・・・・・・・・・・・・52

㉑ パーティーの"招待"—その決まり文句
Are you free tomorrow evening? ・・・・・・54

㉒ "待ち合わせ"の約束に関するうまい表現
When and where shall we meet? ・・・・・56

㉓ 外国人を家に"招くとき"はこうする
Come on in, please. ・・・・・・・・・・・・・・・・・58

㉔ 外国人の家を"訪問するとき"には
Thank you very much for inviting me. ・・・・・60

㉕ "自分や家族"に関する話題を楽しむ①
How large is your family? ・・・・・・・・・・・・62

㉖ "自分や家族"に関する話題を楽しむ②
My eldest son is ten years old. ・・・・・・・・・・・64

㉗ "日本について"語るときの表現はこれ
It's on special occations. ・・・・・・・・・・・・・・・・・66

3 ★ "海外旅行"の会話はこれでOK!

㉘ 機内で①"スチュワーデス"との対話
Can I get a Japanese magazine ? ・・・・・・・・70

㉙ 機内で②"隣りの人"とのやりとり
Is this your first visit to Japan ? ・・・・・・・・・・72

㉚ "搭乗手続き"でミスしないためには
Please reconfirm my reservation. ・・・・・・・・・・・74

㉛ "入国審査"をスムーズに終えるには
Sightseeing, sir. ・・・・・・・・・・・・・・・・・・・・・・・・・76

㉜ "税関"でまごつかない決め手とは
Nothing to declare. ・・・・・・・・・・・・・・・・・・・・・・78

㉝ "空港ロビー"で使う基本的な表現は
Where's the taxi zone ? ・・・・・・・・・・・・・・・・・・80

㉞ ホテルに泊る—"チェックイン"のし方
I have a reservation. My name is ⋯. ・・・・・・・82

㉟ "ボーイ""メイド"との会話あれこれ
The room number's 730. ・・・・・・・・・・・・・・・・・・84

㊱ "クレーム"と日本への"電話"――
The toilet doesn't flush well. ・・・・・・・・・・・・・・・86

㊲ "チェックアウト"を正確に伝える
I'm checking out. ・・・・・・・・・・・・・・・・・・・・・・・・88

㊳ ショッピング①"売り場を探す"とき
Where's the sporting goods ? ・・・・・・・・・・・・・90

㊴ ショッピング②"試してみたい"とき
Just looking, thank you. ・・・・・・・・・・・・・・・・・・92

40 ショッピング③"品物を確かめる"
Is this a brand-new type ? ………………94

41 ショッピング④"品物や値段の決め方"
I'll take this. ………………96

42 "ハンバーガーショップ"に入ったら
To go, please. ………………98

43 レストラン①"予約をしたい"とき
Could you reserve a table for tonight ? ………………100

44 レストラン②"オーダーのし方"(Ⅰ)
Red wine for us, first. ………………102

45 レストラン③"オーダーのし方"(Ⅱ)
Is it oily ? ………………104

46 レストラン④"調理法"に関する表現
Well-done, please. ………………106

47 レストラン⑤"支払いをすます"とき
Check, please. ………………108

48 "郵便局""銀行"でよく使う表現——
I want to send a parcel. ………………110

49 "美容院""理髪店"での上手な対話
The same style, please. ………………112

50 "劇場""映画館"で必ず必要な表現
Balcony center, please. ………………114

(51) "レンタカー"を借りるときの表現
I'd like to rent a car. ………………116

(52) "ドラッグストア""デリカ"を利用する
Do you have a painkiller ? ………………118

(53) 写真屋に"フィルムを出す"ときは
I'd like to have the films developed. ………………120

(54) "バー"で楽しむための必須フレーズ
"Early Times" on the rocks, please. ………………122

4 ★ "トラブル"があってもこれでOK!

- ㊳ "あぶない！助けて！"の表現は
  Help! ………………………… 126
- ㊴ "物を紛失したとき"はどうする——
  I lost my passport. ………………… 128
- ㊵ 病気・ケガ①"痛い"をどう伝えるか
  I have a headache. ………………… 130
- ㊶ 病気・ケガ②"一般症状"の説明のし方
  I feel dizzy. ………………………… 132
- ㊷ 病気・ケガ③"医者の診察"を受ける(Ⅰ)
  Open your mouth. Say "Ahh …". ……… 134
- ㊸ 病気・ケガ④"医者の診察"を受ける(Ⅱ)
  You should be hospitalized. ……………… 136
- ㊹ 数の表現①"数え方・言い方"の原則
  I have twelve friends in Canada. ………… 138
- ㊺ 数の表現②"大きな数・いろいろな数"
  It comes to 35,000 yen. ………………… 140

5 ★ "電話"のやりとりもこれでOK!

- ㊻ "電話を受けた"ときの基本とは①
  Speaking. ……………………………… 144

64 "電話を受けた"ときの基本とは②
Who are you calling, please ? ············146

65 "電話を受けた"ときの基本とは③
May I take a message ? ················148

66 "電話をかける"ときの決まり文句①
This is Hayashi calling. ················150

67 "電話をかける"ときの決まり文句②
Extension 102, please. ·················152

68 外国人を"日本の家庭に招く"とき
Where are you calling from ? ············154

69 "国際電話をかける"ときのパターン
I'm calling from Japan. ·················156

70 電話中の表現①「ちょっと待って…」
Just a second. ························158

71 電話中の表現②"確認と訂正"をする
Do you get me ? ·······················160

72 電話中の表現③「やあ…、しばらく」
Long time, no see. ····················162

73 電話中の表現④「ちょっと会わない?」
How about that coffee shop ? ···········164

74 電話中の表現⑤"本人が不在"のとき
She's out at the moment. ···············166

75 電話中の表現⑥「遅くにゴメンナサイ」
Sorry about calling so late. ·············168

76 電話中の表現⑦「最近変わったことは?」
What's new ? ·························170

77 電話中の表現⑧ちょっとした"お見舞い"
How's your cold ? ····················172

78 電話中の表現⑨"身の回りの話題"(Ⅰ)
My wife is struggling with her diet. ······174

⑲ 電話中の表現⑩"身の回りの話題"(Ⅱ)
I have absolutely no hobbies. ……176

⑳ 電話中の表現⑪"簡単な意見"をいう(Ⅰ)
I think so, too. ……178

㉑ 電話中の表現⑫"簡単な意見"をいう(Ⅱ)
Really? ……180

㉒ 電話中の表現⑬"お祝い"や"お悔やみ"
Thank you for calling. ……182

6 ★ "ビジネス"の会話はこれでOK!

㉓ "面会の取り決め"などの表現は――
It's a pleasure to meet you. ……186

㉔ 上手な"自己紹介""先方の確認"――
Here's my name card. ……188

㉕ 来客を"迎えるとき""接待するとき"
What company are you from? ……190

㉖ "ビジネスライク"な表現に慣れる
Let's get down to brass tacks. ……192

7 ★ 微妙な"ニュアンス"もこれでOK!

㉗ "見る""見える"に関する表現――
Your mother looks young. ……196

⑱ "言う""伝える""話す"に関する表現
Make a long story short, please. ……… 198

⑲ "好き""嫌い"に関する表現——
She has a sweet tooth. …………… 200

⑳ "うれしい""幸せ""悲しい"の表現
I'm very glad to hear that. …………… 202

㉑ "天候・気候"の表現にもいろいろある
This summer is cooler than usual. ……204

㉒ "料理""食事"の話題はこう表現する
It's time for lunch. ………………… 206

㉓ "ファッション""住宅"などの話題は
I live in a condominium. …………… 208

㉔ "旅行""交通事情"に関する表現は
Is there a bus service to the place? …210

㉕ "数"についての表現に慣れる①
Let's watch channel 7. …………… 212

㉖ "数"についての表現に慣れる②
How high is the tower? …………… 214

㉗ "外国"に関する話題をどう使うか
Have you ever been abroad? ……… 216

㉘ "適切な応答"をするためのノウハウ
I went to Hawaii.　Did you? ……… 218

㉙ "面接""交渉"はこうして乗りきる
The application number is 39. …… 220

⑩ "英語""外国語"に関する話題の使い方
Do you speak Japanese? …………… 222

本文イラスト————宮島弘道
編集協力——————(有)ビルウッド

①

ENGLISH FOR EVERY SCENE

通じる英会話
これが基本中の
基本！

CHAPTER 1

通じる英会話"基本中の基本"❶

英会話の原点"応答のABC—"①

Sure.
シュア
いいですよ…

"肯定の応答"は Yes だけではない

　人の英会話力を計るのには簡単な方法がある。その人の応答をじっと聞いてみるといい。英語が苦手な人は、間違いなくYesとNo以外の応答ができないはずだ。いや、この2語が口をついて出る人はまだいいほうかもしれない。あいまいな照れ笑いでどうにか相手に救いを求める人が多い。

　肯定の応答はYesだけではないことを頭に入れておきたい。特に、見出しのSure.はアメリカ口語ではMay I …?（…していいですか）などの許可を求める表現の応答として「いいですよ」の意味で、頻繁に用いられる1語である。

　肯定の内容を大まかに、次のように3つに分類しておくと便利である。

　①相手の話、意見に同意するとき（見出しの表現もこれ）
◉Yes, I think so.
　はい、そう思います。
◉You're right.
　その通りですよ。
◉That's my opinion, too.
　私も同じ意見です。

②相手からの誘いや頼み事、申し出を受けるとき

◉All right.

いいですよ（いいよ）。

◉Yes, please.

はい、お願いします。

◉Sure.

いいですよ。／もちろんいいです。

③相手から確認を求められたとき

◉Exactly.

その通りです。

この語は、相手からあなたの名前のつづりや電話番号、約束の時間などを求められたときに有効である。"イグザクトリー"と発音する。

◉That's it！

それそれ、それですよ。

相手があなたが探している言葉、単語をうまく示してくれたときはこの一言。

これらの表現を使うことで、はっきりと肯定の意志を伝えることができるわけだ（YesとNoの表現はP.16を参照）。

覚えておきたい"必須語句" ❶

Sure（シュア）	きっと［副詞としてYesの代用として使う］
That's fine.（ファイン）	「それで結構です」
indeed（インディード）	まったく（です）
I see.（アイ・スィー）	「なるほど」
Of course.（オフ・コース）	「もちろん（です）」
So.（ソウ）	「そうですか」［上調子に］

通じる英会話"基本中の基本"❷

英会話の原点"応答のABC―"②

Of course not.
オフコース　　ノット
もちろん違います

> "否定"の表現は2つのレベルに分けて覚えよ

　アンケート調査で「わかりません」と答える人たちをDKグループという。いったい何の略だろうか？

　これはI don't know.のdとkをとったもの。knowは「知っている」だからdon'tがついて「知りません」、または「わかりません」の意味になる。

　否定の表現は、肯定よりもはっきりと相手に伝わらないと困る。そのためには、ふつうの否定と強い否定のレベルに分けて頭に入れておきたい。

◉ Never.

　決して。

　この"ネヴァー"1語でもっとも強い否定を表わす。

◉ I don't think so.

　そうは思いませんよ。

　ストレートに相手に反対することを表わす。"think"は決して"シンク"と発音しない。できるだけ上下の歯を合わせそこに舌先がつく。つまり、上下の歯、舌先の3つが集合して"ス"の音をつくる。だから場合によっては"ティンク"に似た音になることもある。

◉ Perhaps not.
　たぶん違うでしょう。
　"パハップス・ノット"と発音する。"パ"は口を大きく開けないで、次の"ハ"を強く出す。

◉ I'm afraid not.
　残念ながら違うでしょう。
　相手の気持ちを察して"気の毒ですが…"といった一種の同情が言外にこめられている（P.35参照）。
　また、相手の意見に対する否定ではなく、先方の気配りに対する儀礼的な返答も会話では重要な役割をはたす。

◉ It's nothing.
　なんでもないですよ（心配いりませんよ）。
　"Thank you."といわれて You're welcome.「どういたしまして」と答えるのは有名だが、上の句も有効。またこのフレーズは、軽く Excuse me.「ごめんなさい」といわれたときの返答としても使う。簡単に"Nothing."1語でもよい。

◉ Don't worry.
　心配いりませんよ。
　前の表現とほぼ同じだと考えてよい。

覚えておきたい"必須語句" ❷

agree（アグリー）	同意（賛成）する I don't agree with you.「賛成できません」
doubt（ダウト）	疑い　I'm in doubt about it.「それはどうでしょうか」
Not yet.（ノッチェット）	「まだです」
I can't.（アイキャント）	「できません」

❸

通じる英会話"基本中の基本"❸

英会話の原点"応答のABC―"③

キャンチュー　　　　スイム　　　　　　イエス　アイキャン
Can't you swim ?　Yes, I can.
泳げませんよね　　いいえ、泳げますよ

> **Yes はいつも「はい」ではない**

　Yes が「はい」、No が「いいえ」と信じこむのは危険である。日本語の「はい」「いいえ」は相手に応じて変化している。

　｛泳げますか？──→はい、泳げます。
　　泳げませんか？──→はい、泳げません。

　しかし、英語では違う。肯定であろうと、否定でたずねられようと、泳げる人は常に Yes、泳げない人は No で答える。

　Yes と No のしくみは次の通り。

　Do you …?　　　｝
　Can you …?　　｝普通の疑問文
　Are you …?　　｝

　普通の疑問文には、暗に"Yes ですね？"というニュアンスが含まれている。仮にあなたは"泳げる"としよう。

　Can you swim ?では"泳げますね、Yes ですね"が含まれている。あなたは泳げるのだから当然 Yes と答えるはず。つまり相手の気持ちと、こちらの答が Yes で一致している。一致していれば日本語では「はい」となる。

　Don't you …?, Can't you …?, Aren't you …?のような形を否定疑問文（…しない、できない、でないですね）という。

これらの否定疑問文は、相手から"No"という返事が返ってくることを予測しているのだ。

 Can't you swim ?————Yes, I can.
 （Noですネ…） ≠ （Yesです）

たずねるほうと答えるほうの気持ちが一致していない。一致しないときは日本語で「いいえ」となる。次の表で再確認をしていただきたい。

	泳げる人	泳げない人
Can you …?	*Yes* はい	*No* いいえ
Can't you …?	*Yes* いいえ	*No* はい

◉Do you mind if I smoke ?———— No.
 タバコを吸ってもいいですか。 どうぞ。

 mindは「を気にする」という意味。だから、日本語の発想につられてYesを使うと「はい気にします―吸わないで―」の意味になってしまう。

通じる英会話"基本中の基本"❹

"つなぎ言葉"で会話は自由自在だ！

Apart from that,…
話は変わりますが…

話題を変えるときなど、どんな表現を使うか

　つなぎ言葉を知らないで会話をするのは、ハンドルのない自転車に乗っているようなものだ。話題を変えたいのに、その方法がわからないのはつらい。

◉Talking of …
　…といえば

　会話の転換のきっかけをつかむのは重要だ。心に浮かんでいた人名、事柄が登場したときに、この種のフレーズを使いこなしたいもの。

　Talking of Mr.Brown, is he coming to the party？
　ブラウンさんといえば、パーティーに来るでしょうか。

◉such as …
　（たとえば）…のような

　難しい、中途半端な表現をいくつも並べるより、具体例を挙げたほうが話は伝わりやすい。相手がどうもピンときていないな、と感じたらすぐに such as …を使おう。文法を気にしないで、その場からこの句を入れて例を挙げること。

　I like Mexican food,… such as Tacos.
　私はメキシコ料理が好きです、たとえばタコスのような。

◉ I'll tell you what,…

私のいうのはこうなんですよ、つまり…

話がこみ入ったら、言葉をつぎたせばたすほど、かえって混乱してしまう。こんなときは話を原点に戻して、要点を整理してみるとよい。どうも話が混乱しているな、誤解される恐れがあるな、と感じたときに有効である。

I'll tell you what, he is not the right person for the post.
私のいうのは、彼はその地位にはふさわしくないということなんです。

◉ Joking aside,…

冗談はさておき

◉ In fact,…

実は…

◉ I might say,…

いってみれば…

これらは、頭に入っている人には実に簡単で便利なものだが、意識して覚えていない人は即座には無理な表現。何度も口慣らしをしてもらいたい。トイレの中などで、1人2役の会話の練習は意外に効果がある。

覚えておきたい"必須語句" ❸

fact(ファクト)	事実
Let me see. (レッ・ミー・スィー)	「えーと」＊すぐに返答できないときの間つなぎ。
anyhow(エニハウ)	とにかく
incidentally (インスィデンタリー)	ところで
And then(アン・ゼン)	「それから…」

❺

通じる英会話"基本中の基本"❺

「許可」を求めるときは"記号"を使う

May I … ?
いいですか？

便利な May I …? は1つの"記号"と心得よ

　日本人はスピーチレベル（尊敬語か、謙譲語か、俗語か）を重要視する。丁寧な言葉を使おうとするのは大切なことだが、英語に関しては、あまりにこれを気にしすぎるとうまくいかない。たとえ字面が同じでも、話し手の表情、態度、その場の雰囲気で自然に言葉のニュアンスは変化するものだ。

　自分の動作に対する許可を求めるとき、日本人が気にするのがまさにこのスピーチレベルである。そんなとき、もっとも強い味方になってくれるのが"May I …?"の表現だ。

　相手が目上の人だろうと、目下の人だろうと、対等の人だろうとすべてに対して使える。

　見出し表現の May I … ? は、「…」の位置に本来入るべき動詞がない。話し手の間で暗黙に動作がわかり合っていれば、動作を省略しても、こちらの意図は通じる。

◉May I have this cake ?
　このケーキを食べてもいいですか？──→目上の人に
　このケーキ食べるよ。──→目下の人、対等の人に
　このケーキもらうぜ。──→目下の人、対等の人に
　以上の意味は、それぞれの場面で決定する。

1 通じる英会話 基本中の基本

◉May I use the telephone ?
電話を使ってもいいですか？
電話を借りるよ。

◉May I come in ?
（部屋に）入ってもいいですか？

海外のホテルでは、ボーイやメイドがドアをノックしながらこの言葉をいうはず。返事は「どうぞ」なら "Yes." または "Come in."、「ダメ」ならはっきりと "No."、"Wait a moment, please." を使う。

◉May I see your passport ?
パスポートを見せてください。

正確には「パスポートを見ていいですか？」で、入国審査、店など、いろいろな所で耳にするフレーズ。

◉May I turn off the TV ?
テレビを消してもいいですか？

May I…の後には、日常の基本的な動作（have, take, get, go, come など）がつき、数えられないほどの意味を表わすことができる（次の必須語句を参照）。

覚えておきたい"必須語句" ❹

turn on（ターノン）	（電気製品など）つける
use（ユーズ）	用いる、使う
get（ゲットゥ）	得る、手に入れる
take（テイク）	（有形無形のものを）とる、かかる、（伝言を）もらう
have（ハヴ）	持つ、食べる、飲む
go（ゴウ）	（へ）行く(to)
come（カム）	来る、（相手の所へ）行く

6

通じる英会話"基本中の基本"❻

「頼みごと」はこれで要領よくできる

Will you help me ?
ウィリュー　　　　　　　ヘルプミー

手伝ってくれますか

Will you …?で、ほとんどの"依頼"は OK

　発想としては前の May I …? のパターンと同じように、一種の記号と考える。Will you の後には基本動詞がくる。

　ほとんどの依頼はこの Will you …? のパターンで用がたせる。しかし、特に丁寧な依頼をしたいときは Would you（ウッジュー）…? の形をとる。

　"ウィリュー"や"ウッジュー"が耳に飛びこんできたときも、あわてないように耳慣らしをしておきたい。

◉ Will you come here ?
　こちらへ来てくれますか？

◉ Will you pass me the salt ?
　（その）塩をとってくれますか？

　よく知られた表現。salt（食塩）にかぎらずテーブル上の手のとどかない物をとってもらうときは、このパターンを使う。

◉ Will you turn on the light ?
　明かりをつけてくれる？

◉ Will you help me ?
　手伝ってくれる？

　場合によっては、Can you … ? のパターンを使ってまった

く同じ意味を表わすこともある。米語では特に使われる。

◉Can you help me ?

手伝ってくれる？

相手がこのフレーズを使った場合は、"キャニュー"と耳に聞こえるはず。

次に Will you より丁寧な表現を見てみたい。

◉Would you show me the way to Central Station ?

セントラル駅へ行く道を教えてくれませんか？

show（ショウ）は、「…を案内する；示す」の意味。「教える」で teach（ティーチ）が頭に浮かんだ人が多いかもしれないが、この語は"学問、知識"を教えることを表わす。

◉Would you lend me your bicycle ?

あなたの自転車を貸していただけませんか？

would の代わりに could（クッドゥ）を使ってもほぼ同じ意味を表わすことができる。

◉Could you give me a coffee ?

コーヒーを1杯いただけますか？

coffee については、a cup of coffee が"文法"では正しいが、口語では a coffee の形でも許される。まさか、「コーヒーを」といわれてバケツ1杯もって来る人はいないだろう。

覚えておきたい "必須語句" ❺

show（ショウ）	案内する、見せる
lend（レンド）	を貸す [反] borrow を借りる
give（ギヴ）	を与える
hand（ハンド）	を手渡す　Will you hand me the book ?「その本をとってくれる？」

通じる英会話"基本中の基本"❼

> 「一緒にしましょう」はこう表現する

シャールイゴウ　　　　　　　ショッピン
Shall we go shopping?
買い物に行かない?

Shall we …? のパターンをまず覚える

　相手と一緒に何かをしたいとき、または誘いたいときのパターンが Shall we …? である。これとまったく同じ意味を表わすのが Let's …. である。こちらは日本語化しているほど知られているが、"シャールイ"はあまり知られていない。相手が使ってきても聴き取れるようにマスターしておきたい。

◉Shall we have a party next week?
　来週パーティーしましょうよ。
◉Shall we take a cab?
　タクシーにしましょう。
　cab（キャブ）とはタクシーのこと。もちろん taxi（タクスィー）を使ってもよい。
◉Shall we make a fire?
　火をおこしましょう。
　以上の例からわかるように、基本動詞さえマスターしておけば、実に簡単に表現することができるわけだ。
◉Let's listen to the radio.
　ラジオを聴きましょう。
　Let's は Let us の短縮形である。

1 通じる英会話 基本中の基本

Shall we go shopping?

◉ Let's go shopping, shall we?
　ショッピングに行きましょうよ。
「…ですね」とか「…しましょうよ」のように確認の念押しをすることを付加疑問という。Let's …の表現では最後に付加疑問として shall we をつけると「…しましょうよ」となる。

◉ Let's start at once.
　すぐに出発しましょう。

◉ Let's chat over tea.
　お茶を飲みながら話しましょう。
　chat（チャット）は軽いおしゃべりをすること。

覚えておきたい "必須語句" ❻

go playing golf（ゴウ・プレイング・ゴルフ）	ゴルフに行く　＊go …ing で…しに行く、の意味になる。
talk（トーク）	話す　Let's talk.「話しましょう」
take a walk（ウォーク）	散歩をする
dance（ダンス）	ダンスをする、踊る

25

通じる英会話"基本中の基本"❽

数量① "多い・少ない"の表わし方

アハヴァ　　　　　　ノットヴ　　　　スィングズ　　　トゥドゥー
I have a lot of things to do.
することがたくさんあります

まず基本は―"数"と"量"―に分けること

"多い・少ない"を語るときには、まず数と量に分ける必要がある。数は「数えられるもの」についていい、量は「数えられないもの」についていう。

"数えられないもの"とは、人名・地名などを表わす固有名詞（Betty, Tokyo など）、生まれながらに定まった形をもっていない物質名詞（water, beer, milk など）、人間の心の中にしか存在しない抽象名詞（peace「平和」、happiness「幸福」など）を表わす。

学校の英語をよく覚えている人は、次のように頭に入っているはず。

 数えられるもの　──→many（数が多い）がつく
 数えられないもの──→much（量が多い）がつく

文法的にはこの通りで正しい。しかし口語（話し言葉）では、これらは主に否定文や疑問文で用いられる。ただし、so や as と一緒に使うとき、主語につくときは普通に用いられる。

だが"数だ量だ"と悩む必要はない。"a lot of"、"lots of"を知っていれば、どちらも「多い」意味で使えるのだ。ただし、この後では、数えられるものは複数形となることをしっかり覚

えておこう。

● There were so many people in the airport.
空港には多くの人がいましたよ。

● You have a lot of [lots of] friends, don't you ?
たくさんの友人をおもちですね。

● We had a lot of [lots of] beer last night.
(私たちは) 昨夜ビールを大量に飲みました。

a lot of と同じように plenty of (プレンティ・オヴ) も便利な表現でぜひマスターしておきたい。

● You'd better not have plenty of money with you.
大金をもち歩かないほうがいいですよ。

money (マニ) は複数形にはならないので注意。How much money do you have ?「いくら (お金を) もってるの？」

「少ない」「少しはある」は、次の通り。

{ 数えられるもの ——→ a few (ア・フュー) がつく
{ 数えられないもの——→ a little (ア・リトゥル) がつく

それぞれについている "a" は重要な働きをしている。ついうっかり a を忘れて few や little だけがつくと「ほとんどない」意味になってしまう。

● I'd like to buy a few books.
本を少し (2, 3冊) 買いたいのですが。

I'd like to (アイドゥライタ) は「…したいです」という丁寧な表現。

● Don't worry. There is a little hope.
心配するな、少しは望みがあるさ。

● There was little water in the tub.
湯舟 (バスタブ) の中には水がほとんどありませんでした。

通じる英会話"基本中の基本"❾

数量② "ある程度"の表わし方

That's enough.
ザッツ　イナフ
それで十分です

不定の数・量を表わす some と any

英語では数えられる物については、数をはっきりと示す習慣がある。「1つ」なら a (an)、「2つ」なら two、「3つ」なら three を物の前につけるわけだ。

だが実際には、"1つではない（単数ではない）"が、いくつだとはっきりいえないときがある。こんなときに登場するのが some と any である。some は肯定文で、any は疑問文や否定文で用いられる。数えられる名詞につく場合、不定の数は、あくまでも「複数」だから名詞は複数形になることを忘れないように注意すること。

中学校の英語では無理やり「いくつかの」と不自然な日本語に訳してしまうが、語る人と聞く人が互いにそのニュアンスをくみとればいいことだ。

数えられない量についても、「いくらかの」という感覚で使われる。

◉I'm planning to have some days off this summer.
　この夏は数日、休みをとるつもりでいます。
◉I met Mr.Brown some years ago.
　数年前にブラウンさんに会いました。

◉I don't want any money.
お金は少しもいりません。

否定文で not … any のパターンになると「少しも…ない」という意味になり、1語で no に置き換えることができる。つまり I want no money. ということもできるわけだ。

◉Do you have any pets?
ペットを(何匹か)飼ってますか?

また、some を定数(確定した数)の前につけることがある。この場合は、「約(およそ)」の意味になる。

◉Noriko went to the United States some 20 years ago.
紀子はおよそ20年前にアメリカへ行きました。

前ページで説明したように some は肯定文で用いるのがふつうだが、疑問文で用いることがあるので注意したい。

◉Won't you have some more beer?
ビールをもう少し、いかがですか?

文法通りに any を使っても間違いではない。ただし、事務的に「もっと飲みますか?」とたずねることになる。「もっといいでしょう。どうぞ、どうぞ」と気配りを示すときは、疑問文でも some を使う。

some (any) とは少しニュアンスが異なるが、enough (イナフ)も不定の数量を表わす。

意味は感覚的に満足の状態を表わして「十分な」で、名詞の前・後どちらにも置かれる。

◉I don't think that is enough money to buy it.
それを買うには十分なお金だと思いませんね。

◉We have time enough for sightseeing.
(観光)見物には十分な時間があります。

⑩

通じる英会話"基本中の基本"⑩

> 初対面での"挨拶"のし方はこれだ

Nice to see you.
ナイス　トゥー　スィー　ユー

初めまして、よろしく

(How do you do ?以外の"上手な表現"とは)

　外国人との初対面で突然、緊張してしまう人が多いのではないだろうか。だが、よく考えてみると相手も同じことだ。むしろ先方のほうがあなたよりあがっているかもしれない。このことをよく頭に入れて堂々と、ニッコリ握手をしたいもの。

　日本人の挨拶を横から見ていると、握手をしながらおじぎをしている人が多い。自然にそうなるのだろうが、あまり格好のいいものではない。

◉I'm happy to see you.

　お会いできてとてもうれしいです。

　見出しの表現やこの表現は、ストレートでしかもあっさりしていてよく使われる。もちろん、よく知られている"How do you do ?"(ハウ・ドゥユー・ドゥー)もよく使うが、ちょっと堅苦しい。しかしフォーマルな場ではこちらが有効かもしれない。

◉I've heard much of you.

　あなたのことはよくうかがっておりました。

　"アイヴ・ハード・マッチョヴ・ユー"と発音する。特にheardは口をすぼめて、はっきりしない"ハ"の音にする。この表現は事前に先方の人物についてある程度知っているときに使われる。

1 通じる英会話 基本中の基本

● Let me introduce myself.
　自己紹介させてください。

　仲に入る紹介者がいなければ、自分から積極的に出るしかない。突然、肩口から"My name is …."とやっても相手を驚かすだけ。こんなとき、上の"レッミー・イントゥロデュース・マイセルフ"が便利である。発音が難しそうだが、ぜひ何度も口に出してマスターしておきたい。

● My name is Hanako Yamada.
　山田花子といいます。

　Let me …の表現の後につづけて、名を名のることになる。親しくなって「花ちゃん」と呼ばせてもいいと感じたら、次のように伝えよう。

● Incidentally, you may call me "Hana-chan".
　ところで…、私のこと「花ちゃん」って呼んでいいわよ。

　アメリカ人は特に、"親しさの証(あかし)"として互いに愛称で呼び合う。実際、日本人の名前は彼らにとって、非常に難しいらしい。だから名前の頭の音をとって、自分の愛称を用意しておいてはどうだろう。

● Here's my name card.
　名刺をどうぞ。

　名刺交換の習慣は日本と韓国くらいのもの、ただし、最近は日本と取引きのある人たちは、名刺をもち歩くようになっている。決して悪い習慣ではなく、むしろ、名刺を渡すとそれが話の糸口となったりして喜ばれる。

　また、"難しい"と感じているこちらの名前がよく相手に伝わって便利である。海外との取引きの多い会社では、社員の名刺に愛称まで刷(す)りこんでいるくらいだ。

通じる英会話"基本中の基本"⓫

「聞き返し」は"はっきり"が大切

Pardon ?
（パードゥン）
すみません、もう1度

会話の最中のナマ返事は絶対タブー…

　会話をしていて、相手の声が聞こえない、理解できないときに生返事をするのは最悪である。相手にも「あッ、わかっていないな」とすぐに悟られてしまう。こうなったら、その場はシラけてしまうだけ。

　遠慮をしないこと。信頼を失うより、聞き返しをくり返したほうがましだ。

　代表的な聞き返しの表現が見出しの "Pardon ?" である。この語は、必ず尻上がりに発音すること。

◉I beg your pardon. ↗

　すみません、もう1度お願いします。

　これは "Pardon ?" をより丁寧にした表現で、同じく後を尻上がりに発音すること。

　語の内容が理解できないときはやっかいだ。ただ "I don't understand."（アイドン・アンダスタンド）と「わかりません」を連発しても、相手も困ってしまう。場合によっては、「あなたには賛成できませんね」の意味になることもあるのだ。

　そこで有効な方法が1つある。"オウム返しの法則" がそれだ。人の声真似をする鳥のオウムの "真似" をすればいい。

1 通じる英会話 基本中の基本

　つまり"あなたの話はここまでは、わかりましたよ"と、こちらの理解度をオウム返しで復唱してやればいいのだ。それから、理解できない部分に what「何？」、where「どこ？」、when「いつ？」、who「誰？」、how「どうやって？」などの疑問詞をつけてやればいい。

　会話は対面しているときだけとはかぎらない。突然、海外から電話かかってくることもある。電話に出たとたんに、英語が聞こえてきたら誰でも焦るものだ。

　相手が早口で、ペラペラ話す場合は、次のフレーズが有効である。

◉Sorry. I can't keep up.
　もう少しゆっくり話してください。

　keep up は「(相手に)遅れずについていく」という意味を表わす。これに can't をつけると、"あなたの言葉についていけないので、もっとゆっくり話して"というニュアンスになる。

　Please speak more slowly. という表現もほぼ同じ意味を表わすので、どちらかいいやすいと感じるほうをものにしていただきたい。

　電話表現の詳細は P.144 を見てほしい。

覚えておきたい "必須語句" ❼

look for (ルック・フォー)	を探す
write down (ライト・ダウン)	書きつける、メモをとる
Excuse me. (エクスキューズ・ミー)	「すみません」　＊軽く「ちょっと失礼」という感じ。
please (プリーズ)	どうぞ、お願いします
To whom ? (トゥ・フーム)	「誰に？」

通じる英会話"基本中の基本" ⓬

「…と思います」にはいろいろある

I hope he will get soon.
アイ　ホウプ　ヒーウィル　ゲッスーン

彼が早くよくなるといいですね（と思います）

「…と思う」は think だけではない

「…と思う」という文字を見ると、ほとんどの人が think を連想する。しかし、英語では「一般的に思う」「よいことを期待して思う」「残念ながら思う」などのニュアンスによって、動詞を使い分ける。

　I think …. I guess ….──→「…と思う」
　I hope ….──→「よいことを期待して思う」
　I'm afraid ….──→「残念ながら思う」

◉She won't come here, I guess.
　彼女は来ないと思いますよ。

guess（ゲス）とは think とほぼ同じ意味。上の表現では、文の最後に I guess がついているのがポイントである。つまり「彼女は来ない」と断定してしまうのではなく、「…と思いますよ」と軽く話し手の感想を述べて、逃げ道をつくっているわけだ。ふつうに think を使って "I don't think she will come …." と表現することもできる。

◉He may be a doctor.
　彼は医者かもしれません。

この表現も直接の断定を避けて、暗に「…と思いますがね。

でも、違うかもしれません」と述べている。may の後には be の他に基本的な動詞（come, go, have, get, take, make など）がきて「…かもしれない」という意味を表わす。

She may ｛ come ⟶ 来るかもしれない
go ⟶ 行くかもしれない
take ⟶ 取るかもしれない

◉I'm afraid she won't be able to make it.
残念ながら彼女は（時間に）間に合わないんじゃないかと思います。

訳を見てわかるように hope に対する表現である。P.15で説明したように「残念ながら…ではないと思う」と、否定的な予想をする際に使う。make it は「時間に間に合う」ということ。

◉I suppose so.
そうでしょうね。

suppose（サポウズ）は一見難しそうに感じる語だが、慣れると非常に便利なもので、ぜひマスターしたい。

たとえば、単に「…と思います」ではなく「心の中で想像して考えると…」とか「仮定してみると…」といったニュアンスを出したいときは suppose を使うことになる。I suppose you like it. といえば「あなたはそれを気に入ると思いますよ…」の意味になる。

また、… I guess のように言葉の最後に … I suppose をつけると「…と思いますよ」と微妙な想像を表わすことができる。

◉I feel like having a cup of tea.
お茶を飲みたい気分です。

feel like …ing のパターンを使うと、そのときの気分として「…したい」という意味を表わせる。

⓭

通じる英会話"基本中の基本"⓭

「誘う」「勧める」ときのうまい表現

ハウアバウト　　　　　ナザー　　　　　カポヴティー
How about another cup of tea ?
お茶をもう1杯いかがですか?

How about …?がもっとも使いやすい表現

　相手を誘ったり、勧めたりする表現は会話というより、もっと大きなコミュニケーション全般におよぶ表現かもしれない。

　どんな人でも、自分の知らない文化習慣の世界に飛びこめば、相手の気配りを無言のうちに頼りにしているはず。日本人同士でも他人の家庭に行けば、一応遠慮しているものだ。

　見出しの"How about"は「…はどうですか?」と相手を誘ったり、軽い提案をするときの典型的な表現である。

　How about の後に動作がくるときは動詞を ing 形にし、物がくるときはそのまま入れる。

◉How about going shopping ?
　ショッピングに行くのはどうですか?
◉How about a coffee ?
　コーヒーはどうですか?

　外国から客を家庭に迎えて気をつかうのは、まず食事のときである。テーブル上に大皿を出して、「どうぞ勝手にどんどん食べてください」と一言かければ、相手はぐっと気楽になる。

◉Please help yourself to the dishes.
　どうぞ自由に取って食べてください。

これは一種の決まり言葉だから、help が「助ける…」などと考えないで、肝心なときに口をついて出るように練習しておきたい。"プリーズ・ヘルプ・ヨアセルフ・トゥー・ザ・ディッシズ"と発音する。

● Won't you sit down, please？
　お坐りになりませんか？

"Won't you …?"（ウォンチュー）は前出の"Will you …?" "Shall we …?"と同じく一種の記号と考えて、そのまま一気に口に出したい。

Won't you ｛ come to my house？ ── 家に来ない？
　　　　　　have this cake？ 　　── ケーキを食べませんか？
　　　　　　take a bath？　　　 　── フロに入ったら？

● Join us, will you？
　一緒にやりませんか？

"ジョインナス・ウィルユー"と発音する。この表現は、その場の状況でいろいろな意味が考えられる。

Join us, will you？ ｛（人の輪に）加わりませんか？
　　　　　　　　　　（パーティーに）来ませんか？
　　　　　　　　　　（旅行に）一緒に行きませんか？

覚えておきたい"必須語句" ❽

come and see（カム・アン・スィー）	遊びに来る　Won't you come and see？「遊びに来ませんか？」
the dishes（ザ・ディッシズ）	料理
sit down（スィッ・ダウン）	坐る、腰掛ける
take a bath（テイカ・バス）	フロに入る

⑭

通じる英会話"基本中の基本"⑭

上手な"断わり"にはやり方がある

Not just now, thank you.
（ノッ　ジャスト　ナウ　サンキュー）

いや、今は結構です

断わり表現は最低2つマスターしておく

断わり方ほど大切なものはない。英会話のかなり苦手な人でも、適切な断わりの表現がうまくいえる人は、それだけで"上手な英語の使い手"に見えるから不思議だ。

逆に、どんなに英語が上手でも断わりに失敗すると、それまでのコミュニケーションをだいなしにしてしまうことがあるので恐ろしい。

見出しの"Not just now, thank you."は飲み物や食物をすすめられて、"本当は欲しいのですが、今は結構です。またあとで…"といった感じがこめられている。

もっと簡単に"No, thank you."でもよいが、場合によっては「この人は、これが嫌いで断わっているのかな…」と思われる可能性がある。

⦿ I've had enough, thank you.
　もう十分にいただきました。

食事中に「もっといかがですか？」とおかわりをすすめられたときの断わりで"アイヴ・ハッド・イナフ・サンキュー"と発音する。相手の気配りに対しては、言葉の最後にthank youを必ずつけたい。

> Not just now, thank you.

◉ I'm on a diet.

　今、ダイエット中なんです。

◉ I'm afraid I can't accept that.

　残念ながら（その申し出を）お受けできません。

　accept（アクセプト）は「受け入れる」という意味。この表現は、真面目なビジネス・トークの断わりである。that のところには your offer「申し出」、the price「金額」、the terms「（支払い）条件」などの語が入って、各種の断わりを伝えることができる。

◉ May I give you a rain check?

　ごめんなさい。また誘ってください。

　前のビジネス・トークと違って、大変やわらかい表現である。

　rain check（レイン・チェック）とは、戸外スポーツ競技などの雨天延期の有効入場券のこと。これが、一般の会話に転用されるようになったもの。

　デートなどに誘われたとき"次回有効"の感じをこめて、やんわりと断わるときに使う。このフレーズの後には、I have to ….「…ねばならないんです」などの表現を使うことになる。…には go, have などの動詞が入る。

通じる英会話"基本中の基本"⓯

"感謝""喜び"をどううまく伝えるか

Thanks a lot.
どうもありがとう

「うれしい」気持ちを素直に言葉や表情に出す

　日本人は感情をおもてに出さないといわれる。ある意味では、それを美徳の1つと考えている人もいるかもしれない。だが、国境線を1歩越えると、ほとんどその感覚は通じない。

　決して奇妙な、大げさな表情やジェスチャーをしろといっているのではない。その場でストレートに「ありがとう」「うれしい」を言葉や表情に出せばいいのだ。

◉ Thank you for inviting me.
　招いてくださってありがとう。

「…をありがとう」というときは Thank you の後に for をつける。さらに、その後に動作がくるときは動詞の ing 形、物がくるときはそのままつける。

　Thank you for a present. 「贈り物をありがとう」

◉ Thanks.
　どうも。

見出しの表現と同じである。ごく親しい間柄でよく使う。家庭内で、オフィスで、学校で、Thank you. というほどのことではないときに多用される。心の中でどんなに感謝していても、海外では相手の心をいちいちくみとってくれる人はいない。む

しろ「あいつは欠陥人間じゃないか？」と思われるのがおちだ。

◉I appreciate your kindness.

　あなたの親切を感謝しています。

　これは真面目な「ありがとう」の表現。appreciate（アプリシェイト）は、ものごとの価値を認めること。だから「感謝する」となる。Thank you.にくらべて重みがある。

◉How lucky I am !

　ラッキーだなあ。

　これは中学の英語で習った感嘆文である。「なんて〜だろう」を表わすには一定のパターンがある。

＜パターンⅠ＞

「なんて〜だろう」──→ How 〜！

　もっとも簡単なパターンで、〜にいろいろな状態、様子（形容詞）が入る。

　How beautiful！「なんて美しいんだろう」

＜パターンⅡ＞

「なんて…は〜だろう」──→ How beautiful …！

　パターンⅠに「…は」がついたもの。…には人や物が主語、述語（I am, you are, she is, he is など）で入る。

　How beautiful she is！「なんて彼女は美しいんだろう」

＜パターンⅢ＞

「はなんて〜な…だろう」──→ What a 〜人・物…！

　What a pretty girl she is！「あの娘はなんて、可愛いんだろう」

　What の後に "a pretty girl" のように形容詞＋人（物）がやってくることに注意。

　形容詞、副詞については、次のページを参照願いたい。

通じる英会話"基本中の基本"⓰

"味つけ用"の形容詞・副詞の使い方

It's very kind of you.
イッツ　ヴェリー　カインドヴ　ユー
ご親切に(どうも)

形容詞や副詞をうまく使うと会話が生きてくる

　たった1語が浮かばなかったばかりに、欲求不満の会話になってしまうことがある。

　そして、形容詞や副詞といわれる言葉は、会話ではとても重要な役割をはたしている。

　場合によっては、1語だけでも十分に会話として成立する。実際に会話でよく使う形容詞を、感覚的に分けて頭に入れてしまうとよい。

She is a 形容詞 woman.

次の語を ☐ の中に入れて口慣らしをしてみよう。

clever(クレバー)	賢い、器用な
honest(オネスト)	正直な
modest(モデスト)	謙遜な
carefree(ケアフリー)	のんきな
diligent(ディリジェント)	勤勉な
reserved(リザーヴド)	控え目な
shy(シャイ)	内気な、はにかみ屋の
frank(フランク)	率直な

polite（ポライト）	礼儀正しい
refined（リファインド）	上品な
mean（ミーン）	意地の悪い
lazy（レイズィ）	ものぐさな
clumsy（クラムズィ）	無器用な
haughty（ホーティ）	鼻の高い（高慢な）
backhanded（バックハンディッド）	誠意のない
gloomy（グルーミー）	性格の暗い
heartless（ハートレス）	情のうすい

◉He's cheerful, isn't he?
彼は陽気ですね。

ところで、前頁のパターンのように形容詞＋人（物）のパターンではなく、このように be 動詞の後に形容詞がくると「…

は〜です」となって、状態の説明をすることができる（以下の例のカッコ内は過去形）。

I am（was）	私は〜です（でした）
You are（were）	君は〜です（でした）
She is（was）　　＋形容詞	彼女は〜です（でした）
He is（was）	彼は〜です（でした）
It is（was）	それは〜です（でした）
They are（were）	彼らは〜です（でした）

次に、動作を詳しく説明する副詞を見てみよう。

The dog was walking
- fast.（ファースト）速く
- slowly.（スロウリー）ゆっくり
- alone.（アローン）1匹で

I got up
- early.（アーリー）早く
- late.（レイト）遅く
- at once.（アット・ワンス）すぐに
- at noon.（アット・ヌーン）昼に

Hanako
- sometimes（サムタイムズ）
- often（オッフン）
- always（オールウェイズ）

gets angry.

これらは頻度を表わす副詞たちで、意味は次の通り。
sometimes「ときどき」、often「よく」、always「いつも」
——となるわけだ。

　実際の会話では、日本語と同じように形容詞（副詞）1語だけを発すれば、十分に意図が通じることが多い。

　すばらしい風景を目の前にしたら、自然にbeautiful「美しい」やsplendid（スプレンディッド）、「すばらしい」などが口をついて出てくるはずだ。

② ENGLISH FOR EVERY SCENE

通じる英会話
道案内やつき合いは
これでOK!

CHAPTER 2

⓱

"道案内"や"つき合い"の会話❶

"道"を教える・たずねるときは①

Are you lost ?
アー　ユー　ロスト

（道に）迷ったのですか?

> 教える場合の"得意フレーズ"を身につける

　外国人と路上や駅などで目が合って、思わず逃げた人が読者の中にいないだろうか。心の中では道を教えてあげようと思っても問題は英語である。実際はジェスチャーだけで十分伝わるが、英語のことが気になってそうさせるのだろう。
　得意の2、3フレーズはぜひ、頭の中にもっていたいものだ。

◉Just a moment, please.
　ちょっと待ってください。

　この"ジャスタ・モーメント・プリーズ"はあらゆる場面で「待って…」の意味で使われる。突然道をたずねられても、いつもすぐに答えられるとはかぎらない。"ちょっと考える、誰か詳しい人に聞いてあげる"ときはこの一言を使う。

◉It's down this road.
　この道をずっと行った所です。

　down（ダウン）は、この場合はあなたたちが現在いる場所から「離れてまっすぐに」という感覚を示す。

◉Go straight on.
　まっすぐに行ってください。

　これも前の表現とほぼ同じ意味。"ゴウ・ストレイト・オン"

2 [道案内]&[つき合い]

と発音する。
- Follow the yellow signs, please.

  黄色の標識にそって行ってください。

  地下鉄の構内などでは、日本人も迷う人が多い。だが必ず色別に表示した標識がある。

- Turn to the left [right].

  左[右]へ曲がってください。

  turn to(ターントゥー)は「へ曲がる」ということ。だから前のページのGo straight on.の表現と組み合わせると、さらに詳しい道案内ができる。

  Go straight on to the crossing, and turn to the right.
  「あの交差点までまっすぐに行って、それから右に曲がってください」

- There's a bookstore on the corner.

  かどに本屋さんがあります。

  on the corner(オンザ・コーナー)は「(街)かどに」という意味。There's(ゼアズ)…の表現は「…があります」を表わす非常に便利な表現で、ぜひマスターしておきたい。

覚えておきたい"必須語句" ⑨

One moment, please. (ワンモーメント・プリーズ)	「ちょっとお待ちください」 ＊momentの代わりにminute（ミニッ)などが使われる。
red signs(レッド・サインズ)	赤色の標識
at the first [second] … (アッザ・ファースト[セカンド])	最初[2番目]の… Turn at the second corner.「2番目のかどを曲がってください」
Turn there.(ターンゼア)	「あそこを曲がってください」

18

"道案内"や"つき合い"の会話 ❷

"道"を教える・たずねるときは ②

Is it far from here ?
イズィッ　ファー　フロム　ヒア

ここから遠いですか？

> 道をたずねるのにも、定型パターンがある

　見出し表現の Is it は「それは…ですか」という意味ではない。距離や時間を表わすとき慣用的に使われるもので、意味はない。

　道順や手段をたずねるときのパターンは数多くあるが、要約すると、道の確認、目的地へのアクセス方法・手段、および距離・時間の質問の3点である。

◉ Is this the right way to UCLA ?
　UCLA へは、この道でいいでしょうか？

◉ Is it near ?
　近いですか？

◉ How far ?
　遠いですか？

◉ How long will it take (to get there) ?
　どのくらい時間がかかりますか？

◉ How do I get to Central Park ?
　セントラルパークへはどう行けばいいでしょうか？

◉ Is there a hotel near here ?
　近くにホテルはありますか？

2 [道案内]&[つき合い]

　バス、電車、地下鉄などで行く必要があるかどうかをたずねるときは、Must I …?のパターンを使って表わす。

◉Must I ride ?
　乗り物で行ったほうがいいですか？
◉Must I take a bus ?
　バスに乗らなくちゃ行けませんか？
　a bus の部分を a cab「タクシー」、limousine（リムジーン）「空港〜市内間のバス」などに入れ換えて使う。
◉Could you tell me the way to the station ?
　駅へ行く道を教えてくれますか？
　道をたずねる、もっとも一般的な表現である。動詞は tell の代わりに show（ショウ）を使ってもよい。

◉I'm a stranger around here.
　このへんはよく知りません。
　これは先方からいわれる表現。stranger（ストレィンジャー）は「不案内の人」ということ。だから、こういわれて何度も聞き返してもむだなこと。へたをすると相手は怒り出すかもしれない。よく耳慣らしをしておこう。
◉It's over there.
　あそこですよ。
　おそらく、この表現は目的のビルや場所を差し示しながら使われるはず。

◉Which way to Central Park ?
　セントラルパークへ行く道はどちらですか？
　道の分岐点や交差点で、どちらの道へ行ったらよいかわからないときの1句。指で方向を示してくれるだろう。もし警官がいたら"Officer."（オフィサー）と呼びかけよう。

⑲ "道案内"や"つき合い"の会話 ❸

"乗りもの"に関する上手な表現①

エニ　　　トゥレイン　　ウィルドゥー
Any train will do.
どの列車でも(そこへ)行きますよ

交通機関に関するキーワードを上手に使う

　電車やバスのような交通機関に関する情報を伝えるときは、「…分毎(ごと)」「…番線」「料金(運賃)」などの言葉がいえるかどうかがポイントになる。あえていえば、完全な表現が口をついて出なくても、キーワードであるこれらの言葉が相手に伝われば成功だといえる。

◉ The buses come every ten minutes.
　バスは10分おきに来ます。
　バスの代わりに train に置き換えることもできる。

◉ You'd better to go by taxi [cab].
　タクシーで行ったほうがいいですよ。
　「…したほうがいいですよ」と相手に忠告をするときは You'd better to … または It's better to … のパターンを使う。また、by +乗り物のパターンになると「…で」の意味になる。

　by bus→バスで、　by train→電車で、　by air→飛行機で、by car→車で、　by bicycle→自転車で。

　このパターンでは、乗りものの前に冠詞(a, an, the)はつかないので注意したい。特に、by air はハガキや手紙を航空便で出すときにも宛先の下に赤色で書く。

2 [道案内]&[つき合い]

⦿Track number 2.

2番線です。

駅で一番多くたずねられるのが「何番線ですか？」である。track（トゥラック）はplatform（プラットフォーム）と同じ意味で使われる。

「何番線ですか？」、つまり"From what track ?"とたずねられて答えるのに難しい英語はいらない。上の表現のように必要最低限のフレーズのほうがかえって有効であることが多い。

⦿What's the fare ?

料金はいくらですか？

もちろんHow much …?を用いても同じ意味になる。fare（フェア）とは、汽車、電車、バス、船などの「料金、運賃」のこと。

アメリカの路線バスでは、乗り口に"EXACT　FARE PLEASE"という表示がある。これは「釣り銭のないようにご用意ください」ということ。

一方、ロンドンではバス停に"Request"の表示を見かける。これは「バスが来たら手で合図してください」ということを表わす。

⦿You must transfer at the next station.

次の駅で乗り換えてください。

transfer（トランスファー）は「乗り換える」の意味。日本ではあまり見かけなくなったが、外国の市内バスや電車では乗り換え切符を発行する所が多い。必要なときは、次の1句。
"A transfer (ticket), please."

ただし、ワンマンカーが多いので乗って料金を払うときに、運転手に伝えること。

⓴

"道案内"や"つき合い"の会話❹

"乗りもの"に関する上手な表現②

Where to ?
どちらまで?

タクシーは決まり文句でOK

見出しの表現はタクシー・ドライバーの常套句である。決して乱暴に口をきいているわけではない。簡潔な表現の代表的なものである。

◉ Step in, please.

どうぞ乗ってください。

自動ドアのタクシーは、日本だけと思ったほうがよい。海外では客が自分でドアを開け、また自分で閉じる。

◉ Let me out here, please.

ここでけっこうです。

"レッミー・アウト・ヒア・プリーズ"と発音する。Stop here, please.でもよい。

◉ Take me to this address, please.

この住所に行ってください。

行先きの住所メモを見せながらいう表現である。ホテルや有名な場所を口でいえるときは"場所+ please"で十分。

A Hotel, please.「Aホテルへ行ってください」

◉ Keep the change, please.

おつりはとってください。

2 [道案内]&[つき合い]

　タクシーを降りるとき、戻ってくるつり銭の額がチップの額（料金の10～15パーセント）に近いときはこの表現を使う。
◉Where can I catch a taxi [cab]?
　タクシーはどこでひろえますか？
　日本ではどこでも流しのタクシーをひろうことができるが、海外ではいろいろな方法があるので、よく調べておく必要がある。たとえば、ニューヨーク市では日本と同じように流し（cruising taxi）をひろうことができるが、西海岸のロザンゼルスでは一定のタクシーのりば（taxi stand）、またはホテルで呼んでもらうことになる。

覚えておきたい"必須語句" ⑩

city bus（スィティッ・バス）	市内バス、市内路線バス
long distance bus（ロング・ディスタンス・バス）	長距離バス　＊米国ではグレイハウンド、コンチネンタル・トレイルウェイズの両社が有名。
bus depot（バス・ディポウ）	長距離バスの駅（発着場）＊ふつうの「バス停」bus stop
subway（サブウェイ）	（米）地下鉄　＊英国ではtube（チューブ）と呼ぶ。
token（トウクン）	米国のバス・地下鉄両用の切符の代用コイン
local train（ロウカル・トゥレイン）	普通列車＊急行列車はexpress。
dining car（ダイニング・カー）	食堂車　＊展望車は、parlor car（パーラー・カー）。
rest room（レスト・ルーム）	トイレ
valid（ヴァリッド）	切符の有効（期間内）

21

"道案内"や"つき合い"の会話 ❺

パーティーの"招待"—その決まり文句

アユー　　　　フリー　　　　トゥモロウ　　　　イーヴニング
Are you free tomorrow evening?
明日の晩は暇ですか?

来客への「気配り文句」を用意しておく

　日本にいる外国人は、日本人はわれわれを家に招いてくれない、とよく不満をもらす。一方、日本人は"家が狭いし、いろいろと考えるとおっくうになって…"遠慮してしまうようだ。

　だが、まったく心配はいらない。たとえパーティーだとしても特別なご馳走（ちそう）はいらない。イギリス人のパーティーなどは紅茶とクッキー、またはビールが出る程度のものである。

　彼らは、間違いなく"招かれたこと"のほうを、重要視するのだ。

◉ Make yourself at home, please.
　どうぞ気楽に、くつろいでください。
　決まり文句なので一気に"メイキュアセルフ・アッ・ホーム"が出るように練習しておきたい。

◉ Stretch your legs.
　足を伸ばしてください。
　客が無理をしてきゅうくつそうにしていたら、この1句を使いたい。

◉ How about something to drink?
　何か飲み物はどうですか?

2 [道案内]&[つき合い]

　この表現は忘れずに使いたい。逆にあなたが外国でこのようにいわれたら、ストレートに欲しい物を伝えること。遠慮をするのは失礼になる。たまたま、そのときはいらないのなら、P.38 の表現の"Not just now, thank you."を一言伝えること。

●How about something hard？
　アルコールはいかがですか？

　hard（ハード）とは、アルコール類のこと。一方、清涼飲料は soft drinks（ソフト・ドゥリンクス）という。

●May I take your coat？
　コートをお取りしましょう。

　コートにかぎらず、手荷物などを客がもっている場合は一言かけたい。ほぼ同じ表現で"May I keep your …?"を使ってもかまわない。May I keep your bag？「バッグをお預かりしましょうか？」

●Please come in informal dress.
　どうぞふだん着で来てください。

　男女に関係なくパーティーに招かれると服装に悩むことが多い。だから招待するほうは前もって必ずこの1句を伝えること。

Are you free this evening？
――Yes, I am.
I'm going to have a party in my house. I'd like to invite you.
――Oh, thank you very much. Arr…, what time？
At six. Is that O.K.?
――Sure. I'd be glad to come.
Please come in informal dress.

　パーティーへの誘いはこのパターンをとる。

"道案内"や"つき合い"の会話 ❻

"待ち合わせ"の約束に関するうまい表現

When and where shall we meet?
ウェンアンウェア　　　　　　　　シャールイミート

いつ、どこで会いましょうか?

時間・場所・目的を正確に表わす

　人と会う約束は、直接または電話ですることが多い。時間、場所が正確に相手に伝わるか、またはあなたが理解できるかが最大のポイントである。

◉ How about meeting tomorrow evening?
　明晩、会いませんか?

　これに対して相手がO.K.なら"When and where (shall we meet)?"のように時間や場所をたずねるだろう。また、会うのが無理なら"I'm afraid I can't."とか"I'm very busy."のように断わるだろう。

　時間や場所の指定は次のように伝える。

◉ In front of the wicket of A station.
　A駅の改札口の前です。

◉ At five.
　5時に。

　「7時半に」なら"At seven thirty."となる。

◉ How about the place where we met last?
　このあいだ会った所でどうですか?

　喫茶店など互いに知っている場所があればHow aboutのあ

2 [道案内]&[つき合い]

とに、店の名前をそのまま入れればよい。

◉I think it too early [late].
　ちょっと早（遅）すぎると思います。
　相手の指定する時間が、あなたの時間に合わなければストレートに伝える。それから"How about at …?"を使って時間を相談する。

◉Let's go shopping, shall we ?
　ショッピングに行きましょうよ。

◉Why don't you go for a drive with me ?
　ドライブに行かないか？

◉I'd like to show you around downtown.
　繁華街を案内しますよ。

◉How about playing golf this weekend ?
　今週末、ゴルフをしませんか？

　以上のような各種の誘いのパターンを練習していただきたい。

- …しに行きましょう　　Let's go …ing
- …しない？　　　　　　Why don't you …ing ?
- …したらどう？　　　　How about …ing ?

◉I'll pick you up. Wait for me.
　車で迎えに行きます。待っててください。
　pick you up（ピッキューアップ）は、「あなたを拾う」だから「車で迎えに行く」ことを表わす。

◉I'll drive you home today.
　車で送ります。
　夜遅くなると、終電の時間が気になるものだ。あなたがマイカーで送るつもりなら、このフレーズを伝えておくこと。この表現では"with my car"をつける必要はない。

"道案内"や"つき合い"の会話 ❼
外国人を家に"招くとき"はこうする

Come on in, please.
（カモニン　　　プリーズ）
どうぞ入ってください

来客はこちらから積極的にリードする

あなたの家庭を訪れた外国人は、玄関口からとまどっていると思っていたほうがよい。

- Please take your shoes off.
 どうぞ靴をおぬぎください。
- This way, please.
 こちらへどうぞ。

次に居間に通すことになる。玄関の近くにトイレがあれば、さりげなくその場所を知らせておくとよい。

- Here is a toilet.
 こちらがトイレです。

マンションのユニット形式になっている家庭なら、toilet（トイレット）の代わりにbathroom（バスルーム）といってもよい。あるいはまた、トイレをwashroom（ウォッシュルーム）ということもある。

- This is my wife, Hanako.
 こちらが妻の花子です。

客に対して適時まわりの人を紹介するのはマナーだ。客が来ているのに、子供たちがノソッと部屋に入ってきても無頓着な

2 [道案内]&[つき合い]

人がいる。きっと客はどう対応していいのかわからないはずだ。これは日本人同士の場合でも同じことで、常識の問題。

また、子供を前面に押し出して歌わせたり、話題の中心に置いて平気な人がいる。迷惑な話だ。客ははるばる外国から子供の相手をしに来たのではないことを、頭に入れておきたい。少なくとも同席する人物については、必ず客を招いた人が、積極的に紹介をすべきだ。

This is my husband, Taro.「夫の太郎です」

This is my daughter, Yoshiko.「娘の良子です」

This is my son, Ichiro.「息子の一郎です」

This is my grandma, Teruko.「祖母の照子です」

This is a friend of mine, Tanaka.「友人の田中です」

◉ How about another drink ?

もう1杯どうですか?

さらにアルコール類などをすすめるときの表現。コーヒーや紅茶なら"How about another cup of coffee [tea]?"のように表現する。

24

"道案内"や"つき合い"の会話 ❽

外国人の家を"訪問するとき"には

サンキュー　　　ヴェリー　マッチ　　フォーインヴァイテングミー
Thank you very much for inviting me.
お招きありがとうございます

"いとま"を告げる表現は必ずものにしておく

初めての家庭訪問なら、多少心配なのが当たり前である。だが先方も同じ。思い切って行ってみることだ。

戸口からうまく英語が出ると、緊張がしだいにとけてうまくいくものだ。とにかく、まず "Thank you ….." をいうこと。

◉You have a very nice home.
すてきなお住まいですね。

nice（ナイス）の代わりに lovely（ラブリー）でもよい。

◉You have a nice living room.
すてきな居間ですね。

前と同様の表現。アメリカ人やイギリス人は居間をほめられるとストレートに喜ぶ。お世辞ではなく"すてきだな"と思ったら living room を他の語に入れ換えて、この表現を使ってみよう。

You have nice furniture.「すてきな家具ですね」

◉You don't have to do that.
そんなことをする必要ないですよ（気を使わないで…）。

"ユードン・ハフ・トゥドゥー・ザッ"と発音する。You don't have to … のパターンは … にいろいろな動詞を入れることによ

2 [道案内]&[つき合い]

って「…する必要はありません」の表現ができる。

◉ Where's the bathroom?

　トイレはどこでしょうか？

　すでにトイレの場所がわかっていれば、「ちょっと失礼、トイレを…」となる。

◉ Excuse me, but I'd like wash my hands.

　ちょっとごめんなさい、トイレを…。

　これは女性の婉曲の表現である。あなたが男性なら Excuse me. だけで十分。

◉ She is a good cook, isn't she?

　奥さんは料理上手ですね。

　もちろん She の代わりに Your wife（ユアワイフ）を使うこともできる。cook（クック）は発音に注意。日本式の"コック"は通じない。

　日本の男性は心で思っていても、なかなかこのような表現を口に出さない。お世辞ではなく、おいしかったら素直に上の表現や "delicious"（デリーシャス）をいおう。女性同士なら料理の話が発展するかもしれない。

　You're a good cook, aren't you?「あなた、料理上手ね」

◉ I think I must be going now.

　　そろそろ、おいとまします。

　大切な表現である。あなたを迎えた主人が「もうお帰りになったら…」というわけにはいかない。そんなとき、あなたのほうからこの1句が出なかったらどうだろう。突然、立ち上がって帰ってしまうわけにもいかない。

　先方は、I hope you come again. などというはず。帰りぎわには "I had a very good time." を必ず伝えよう。

"道案内"や"つき合い"の会話 ❾

"自分や家族"に関する話題を楽しむ①

How large is your family ?
（ハウ　ラージ　イズ　ユア　ファミリー）

ご家族は何人ですか？

話題の要点をおさえる──なごやかな会話の条件

　英語が下手でも、英会話の上手な人は多い。話題の要点をおさえていれば、たとえワンワードでも意味は十分に通じる。

◉I have a daughter and a son.
　娘と息子が1人ずついます。
　子供や友人などが「います」はI have ….でよい。

◉My son is crazy about TV game.
　息子はテレビゲームに熱中しています。
　…is crazy about は「…に熱中している」を意味する。アメリカ人は好んで使う表現で、何かに夢中になっている様子をうまく表わしている。

◉What's your hobby ?
　ご趣味は何ですか？

◉How about sports ?
　スポーツはどうですか（やりますか）？
　スポーツの話題ほど万国共通で盛り上がるものはない。会話がとぎれそうになったら、スポーツに助けてもらうのも一手。

◉My wife is good at golf.
　妻はゴルフが得意です。

2 [道案内]&[つき合い]

be good at …は「…が得意です」の意味で多用される。この句の後に動作がくるときには、動詞は ing 形（動名詞）となるので注意。

I hear your wife is good at cooking.「あなたの奥さんは料理（をすること）が得意だそうですね」

逆に、「…が苦手です」は be good at に not をつけて否定文にしてもよいが、be poor at …を使うとうまく通じる。

◉I'm poor at singing. How about you?
私は歌うのが苦手です。あなたはどうですか？

◉When I was a student, I would often go swimming.
学生の頃は、よく泳ぎに行ったものです。

この When I was …、のパターンは昔の話をするときには不可欠で、何度も練習して"ウェンナイワズ…"が口をついて出るようにしておきたい。

また、後半の文に使われている would often（ウッドッフン）も重要。定期的に毎日というわけではないが、かなりの頻度で「よくしたものです」と回想するときの表現である。

もし、毎日毎日、定期的に「…したものです」といいたいときは would の代わりに used to（ユースタ）を使う。

When I was young, ┌ I would often go there.
                  │ →不定期に「行ったものです」
                  │ I used to go there.
                  └ →定期的に「行ったものです」

◉How's your father?
お父さんは元気ですか？

対象人物の健康状態をたずねるときは、上のように How's …?を使うのがセオリーだ。

26

"道案内"や"つき合い"の会話⓾

"自分や家族"に関する話題を楽しむ②

マイ　エルデスト　サン　イズ　テン　イヤーズ　オウルド
My eldest son is ten years old.
長男は10歳です

話題の選び方にも、やはり"タブー"がある

　まったく悪気はないのだが、日本人がうっかりしてしまいそうなマナー違反は次の2つ。

①How old are you ?「年齢はいくつですか？」
②Are you married ?「結婚してますか？」

　以上の質問は、相手が男・女にかかわらず避けるべきである。会話の中で自然に、さりげなく伝えられる事柄で、こちらからあれこれと"戸籍調査"をすると嫌われる。

◉My father passed away last year.
　父は去年、亡くなりました。
「死ぬ」はdie（ダイ）というが、直接的な表現を避けて、passed away（パスタウェイ）を使うとよい。

◉I work part-time.
　パートをしています。
　上と同じ意味としては"I have a part-time job."ということもできる。

◉My big brother is an office worker.
　兄は会社員です。
　会社名で説明するには"He works at A company."のよう

2 [道案内]&[つき合い]

にwork at(ワークアット)を使う。

◉ I'm a regular employee.
　私は正規社員です。
　employee は、"エンプロイー"と発音する。

　次に学校に関する表現を見てみたい。あなた自身や家族に該当するものがあったら、しっかりと頭に入れていただきたい。

私は大学生です	I'm a college student.
私は大学の1年生です	I'm a freshman.
彼女は大学の2年生です	She is a sophomore.（ソフォモア）
彼は大学の3年生です	He is a junior.（ジュニア）
娘は大学の4年生です	My daughter is a senior.（セニア）
妹は短大生です	My sister is a junior college student.
息子は高校生です	My son is a high school student.
太郎は中学生です	Taro is a junior high school student.
息子は小学生です	My son attends an elementary school.（My son is a school boy.）
花子は幼稚園に行ってます	Hanako goes to a nursery school [kindergarten].
次男は大学院生です	The second son is a post graduate student.
私は予備校生です	I attend a cram school.

27

"道案内"や"つき合い"の会話⓫

> **"日本について"語るときの表現はこれ**

It's on special occasions.
イッツ　オン　スペシャル　オケイジョンズ

特別なときですよ

> 「これは」という表現を事前に仕こんでおく

　ふだんから意識して頭に入れておかないと、日本のことについては意外に英語でいえないもの。特に、数字に関する表現は日本語ではわかっていても英語となると困ってしまうものだ。

　見出しの表現は、先方から「日本人はいつも着物を着るのですか？」「毎日、花を生けるのですか？」などの質問が出たときの答え方である。

◉ Not every Japanese.
　日本人みんながそうというわけじゃないですよ。

　相手の日本人観が違っているぞ、と思っても英語が出ないばかりに"まあいいや"とばかり Yes. をいってしまう人が多い。そんなことにならないために、この表現を有効に使うこと。

◉ Generally speaking, … yes.
　一般的にはそうです。

◉ You could be right.
　そうかもしれません。

　これはどちらかといえば、消極的な肯定である。相手のいうことを一部認めようとするときは、このフレーズで十分である。この could は仮定的なニュアンスを表わす。

2 [道案内]&[つき合い]

- There are 47 prefectures in Japan.

 日本には47の（都道府）県があります。

 47 prefectures は"フォーティー・セヴン・プリフェクチャーズ"と発音する。

- Baseball is very popular in Japan.

 野球はとても日本では人気があります。

 ついでに、"There're twelve pro-baseball teams."をつけ加えてはどうだろう。

- The national sport is Sumo wrestling.

 国技は相撲です。

 日本の国技は judo（柔道）だと思っている人が、圧倒的に多い。

- I don't practice judo［Karate］.

 私は柔道［空手］はやりません。

- The cherry blossom is the national flower.

 桜の花が国の花なんです。

 cherry blossom は"チェリー・ブロッサム"と発音する。

◉There're about 700 hot springs in Japan.
　日本には約700の温泉があります。
　700 hot springs は"セヴンハンドレッド・ホッスプリングズ"と発音する。
◉Japan consists of four major islands.
　日本（の国土は）4つの大きな島から成っています。
　major islands は"メジャー・アイランズ"と発音する。海外では、日本の位置をはっきりと知っている人は例外だと思ったほうがよい。アメリカなどでは、自分たちの隣りの州さえまともに知らない人が多いのが現実だ。
◉Gasoline is costly in Japan.
　ガソリンは日本では高いです。
　「…は高いです」は"… is expensive"（イクスペンスィヴ）としてもよい。
◉Mt.Fuji is 12,397 feet high.
　富士山は12,397フィートの高さです。
　12,397 は"トゥエルヴ・サウザン・スリーハンドゥレッド・ナインティ・セヴン"と発音する。ソロバンの名人ならいざしらず、その場で3,776mをフィートに換算できる人はいないだろう。この種の数字は暗記しておくことをおすすめする。
◉Does it have a meaning ?
　それには意味があるんですか？
　これは先方からの質問。日本人の名前や日本語を一部使った場合、相手は音でしか理解できないためこのような質問が出る。
◉It's not a Japanese custom.
　それは日本の習慣ではありません。
　西洋人でアジア諸国の文化や習慣の違いを知る人は少数派だ。

③

ENGLISH FOR EVERY SCENE

通じる英会話
海外旅行は
これでOK!

CHAPTER 3

28

"海外旅行"で通じる英会話❶

機内で①"スチュワーデス"との対話

キャナイ　ゲッタ　　　ジャパニーズ　　マガズィン
Can I get a Japanese magazine ?
日本の雑誌を(もってきて)くれますか?

"をください"は Can I get …?

　国際線の旅客機では、機内サービスをいかに上手に利用するかがポイントだ。最近は外国の航空会社でも日本人、または日本語のできるスチュワーデスを乗せるようになってきたが、まだ一部にすぎない。

　「…をもってきてください」は Can I get …?のパターンが発音しやすく簡単である。

◉Can I get some water ?
　水をください。

　一般的に、機内は乾燥している。のどが乾いたら肘(ひじ)かけのスチュワーデスボタンを押して、このように伝える。

　機内では、水、ジュース類は無料でアルコール類は有料（直接、スチュワーデスに支払う）である。ただし、ファーストクラス＋ビジネスクラスでは無料サービスの範囲が広くなる。

◉Some orange juice, please.
　オレンジジュースをお願いします。

◉Scotch and soda [water], please.
　スコッチのソーダ［水］割りをください。

　各社によってまちまちだが、機内は免税なのでアルコール類

3 [海外旅行]での英会話

は非常に安価だ。

◉ Can I get earphones？

イアホンを貸してください。

Can I get …?（キャナイゲット）の表現は「…をください」の意味で応用範囲が広いので、得意表現の1つに加えておいていただきたい。

Can I get a blanket？「毛布を（とって）くれますか？」

◉ The button doesn't work.

（肘かけの）押しボタンが故障してます。

◉ My seat doesn't work.

座席が作動しません（背もたれが倒れません）。

◉ The light doesn't work.

ライトがつきません。

…doesn't work（ダズン・ワーク）は、「本来の作動をしない」という意味で、あらゆる場面で使える重要な表現。作動しない物によって日本語は「故障している」「作動しない」「つかない」などのように対応して変化する。

あなたの身のまわりの物を使って、応用表現をマスターしてもらいたい。

The TV doesn't work.──→テレビが映らない

The engine doesn't work.──→エンジンがかからない

◉ I feel sick.

気分が悪いです。

sick（スィック）は「病気の」ということだが、吐き気を伴う気分の悪さを表わす。

だから、機内でこの表現を使うと「吐きたいです」の意味にとられる。

29

"海外旅行"で通じる英会話❷

機内で②"隣りの人"とのやりとり

Is this your first visit to Japan?
イズィスヨア　　　　　ファーストヴィズィットゥージャパン

日本へは初めてですか

> "Japan"を利用して話の糸口をつかむ

　日本発の機内、あるいは日本へ向かう機内のどちらでも、「日本」を話の糸口にして隣席の人物とコミュニケートをとるといい。見出し表現の Is this your first visit …? は、海外から日本へ向かう機内で有効である。

　逆に、日本から海外へ向かうフライトでは、見出し表現を過去形にして「日本は初めてだったのですか?」Was this your first visit to Japan? のように表わすと、ここから日本に関する話題が広がる。

◉How do you do?　Where are you from?
　初めまして。　　　お国はどちらですか?

◉May I talk with you?
　お話ししてもいいですか?

　これで話の糸口をつかむ。日本から外国へ飛んでいる便なら次の質問ができる。

◉Are you traveling alone?
　1人旅ですか?

　いうまでもなく、隣席に単独で坐っている人物に使う表現である。

3 [海外旅行]での英会話

◉ Were you on business ?
　お仕事で（日本に）いらしたのですか？
◉ How long have you been in Japan ?
　どのくらい（の期間）日本にいらしたのですか？
◉ Did you try any Japanese food ?
　日本食を食べてみましたか？
◉ How did you like it ?
　どうでしたか（おいしかったですか）？
◉ Where have you been in Japan ?
　日本のどこにいたのですか？

　以上、さまざまな話の展開が考えられる。
　今度は逆に、こちらが疲れているところに隣席から話しかけられて困ったな、と感じるときは次の表現が有効である。

◉ I need to sleep.
　眠りたいです（眠る必要があります）。

　このフレーズの後にI couldn't sleep well last night.「昨夜はよく眠れなかったです」とつけ加えておくと、相手は察してくれるはず。
　また、I'm sleepy.（アイム・スリーピー）も同様に「眠りたいです」を表わすことができる。

◉ Excuse me.
　ちょっとすみません。

　内側のシートに座って、トイレや他の席の友人のところへ行くときなど、必ず「ちょっと前を失礼」はいうべきこと。
　逆に、先方から"イクスキューズミー"をいわれたら、小声でもいいから"Nothing."（ナッシィング）を返すのが礼儀。

30

"海外旅行"で通じる英会話❸

> ### "搭乗手続き"でミスしないためには

プリーズリコンファーム マイリザヴェーション
Please reconfirm my reservation.
予約の確認をお願いします

> 個人ツアーでは「手続き表現」が命綱になる

　団体旅行のときは、旅行社の担当者が旅の裏側でさまざまな手続きを客に代わって行なっている。だが、あなたが個人旅行をするときは自分の手続きは当然、自分ですることになる。

　出発前に帰りの便も予約ずみだからと安心するのは間違い。空港に行ったら予約しているはずの名前がなかった、などという話は日常茶飯事だ。必ず、搭乗の2日前までに航空会社のカウンターに出向くか、電話を入れて予約の確認をすること。

　上記の reconfirm は"リコンファーム"の要領で発音する。この語は予約を確認するときの必須語で、この語を使うと下に示したような手順の質問が返ってくる。このとき自分の名前のスペリングを言えるようにメモなどして用意しておくとよい。

　航空会社：May I have your name, please?
　あなた　：My name is Hanako Yamada.
　航空会社：What's your flight number?
　あなた　：007.
　航空会社：Yes. Your seat has been reserved.

　＜注＞flight number（便名）を伝えるときは、ケタをつけずにそのまま読む。007なら「ズィロズィロセヴン」でよい。

3 [海外旅行]での英会話

◉May I see your ticket, please ?
　航空券を拝見します。

　航空会社の受付カウンターに行くと、このようにいわれる。さらに "Your passport, please." 「パスポートをお願いします」となる。

　1冊のチケットから必要頁を切り取って、搭乗券(boarding pass)をくれる。あとは搭乗案内を聞くだけだ。

◉An aisle seat, please.
　通路側の席をお願いします。

　an aisle seat は"アンナイル・スィート"と発音する。トイレに行くとき、または少しでもゆったりしたい人には、通路側の席がおすすめだ。「窓側の席」はa window seat(ア・ウィンドウ・スィート)という。

覚えておきたい"必須語句" ⓫

Fasten your seatbelt. (ファスユア・スィート・ベルト)	「ベルトを締めてください」 ＊スチュワーデスの言葉、または掲示。
airsick(エアスィック)	飛行機酔い
flight number	便名、フライト・ナンバー
pills for airsickness	酔い止めの薬
the turbulence	乱気流 ＊"タービュランス"のように聞こえる。
flight attendant	客室乗務員
carrier	航空会社 ＊"キャリアー"と発音する。
baggage claim area	荷物受け渡し所
claim tag	荷物引き替え札

㉛

"海外旅行"で通じる英会話❹

"入国審査"をスムーズに終えるには

Sightseeing, sir.
サイトスィーイング　　サー
観光が目的です

入国審査の質問事項は決まっている

　外国に入国する人が必ず受けなければならないのが、入国審査(immigration：イミグレイション)である。あなたがごくふつうの格好をしていれば一定の質問に口答するだけでよい。

　審査官の質問で必ずといってよいほど聞かれるのがpurposeという言葉である。"パーパス"のように聞こえ、「(入国の)目的は？」の意味を表わしている。

◉ What's the purpose (of your visit)？
　入国の目的はなんですか？

　くり返すが、聞き逃してならないキーワードはpurpose(パーパス)である。審査はおよそ次の要領で進行する。

審査官：Passport, please.
あなた：Here it is, sir
審査官：Thank you. What's your name？
あなた：Ichiro Hayashi.
審査官：What's the purpose of your visit？
あなた：Sightseeing, sir
審査官：How long do you stay？
あなた：About eight days.

3 [海外旅行]での英会話

Sightseeing, sir.

◉I beg your pardon, sir.

もう1度お願いします。

よく聞きとれないのに、いい加減な返事をするほどまずいものはない。審査官は経験から、あなたが"観光客"または"ビジネス旅行者"か、だいたい予測しているのだ。だから、彼らも変な返事をしてほしくないのだ。

万一、奇妙な答えをされたら職務上、審査官はさらに詳しい審査をしなければならなくなる。次に示すのは、ふつうより詳しい質問内容だ。

◉Where do you stay ?

どこに宿泊しますか？

◉How much money do you have ?

お金はいくら所持してますか？

◉Do you have any acquaintance in this country ?

この国に知人はいますか？

◉Do you have a return ticket ?

帰りの航空券をもってますか？

32

"海外旅行"で通じる英会話❺

"税関"でまごつかない決め手とは

Nothing to declare.
ナッスィング　　トゥ　　ディクレア

申告するものは何もありません

英語で説明すべき品物はごくかぎられている

入国審査を経たら、次に航空会社に預けておいた荷物を受け取って税関（customs：カスタムズ）のカウンターへ進む。課税対象品目は国によってさまざまだが、ふつうの旅行者が携帯している物にむやみに課税することはない。

注意したいのは、薬品類や友人、知人へのみやげだ。特に、"純日本的な"食品などをもって行くときは、カタコトの英語でもいいから英語で説明できるようにしておきたい。あわてているうちに、没収されてしまうことだってある。

◉**They are pickled plums, Japanese food.**

それらは日本食の梅干しです。

pickled plums は "ピクルド・プラム" と発音する。

◉**It's for my personal use.**

それは私物です。

personal use の発音は "パースナル・ユース"。

◉**They are gifts for my friends.**

それらは友人へのみやげです。

品物が1個だけなら、表現が変わって "It's a gift for my friend." となる。

3 [海外旅行]での英会話

◉Do you have anything to declare ?
　何か申告するものがありますか？
　これは税関で必ずたずねられる表現。答えは見出しの表現である。
◉Do you have any liquor or perfume ?
　酒類か香水をおもちですか？
◉How many cigarettes do you have ?
　タバコはどれだけもっていますか？
◉Do you have any fruits ?
　果物をおもちですか？
◉What's in the box ?
　箱の中味は何ですか？
◉What's in the bottle ?
　ビンの中味は何ですか？
　以上が税関でたずねられる可能性のある表現である。

覚えておきたい "必須語句" ⑫

rice cracker (ライス・クラッカー)	せんべい ＊It's a kind of cracker. でもよい。
laver(レイヴァー)	(海草の)海苔
pickled radish (ピクルド・ラディッシュ)	たくわん
dried bonito (ドライド・ボニート)	かつお節
sweet jelly (スイート・ジェリー)	ようかん
white japanese noodles (ホワイト・ジャパニーズ・ヌードゥル)	うどん ＊インスタントの真空パックのものがある。

"海外旅行"で通じる英会話❻

"空港ロビー"で使う基本的な表現は

Where's the taxi zone ?
ウェアーザ　　　　　　タクスィ　ゾーン

タクシー乗り場はどこ(どちら)ですか?

案内カウンターで、どんなことをどう聞くか

どの国の空港ロビーにも案内所(information：インフォメイション)がある。

都市の中心部にある空港など、ないからだ。

旅行者はまず、バス、リムジンバス(limousine)、またはタクシーなどでホテルへ向かうことになる。

広いロビーでまごつかないように、案内カウンターを利用しよう。

そして、カウンターに行ったら、はっきりと乗り場か交通情報をたずねること。

- Tell me how to get to downtown, please.
  街の中心部へ行く方法(交通手段)を教えてください。
- Where can I take a limousine to Park Avenue ?
  パークアベニューへ行くリムジンの乗り場はどこですか?
- I'd like to go to Park Hotel. How can I get there ?
  パークホテルへ行きたいのですが、どうやって行ったらいいでしょう?
- Where do I get a ticket ?
  どこで切符を買うのですか?

3 [海外旅行]での英会話

案内係は決して複雑な英語で説明したりはしない。落ち着いて相手の言葉やジェスチャーをよく見ること。

◉You'd better take a cab [taxi].
　タクシーにしたほうがいいですよ。
◉It's over there.
　あそこです。
　方角を示しながら説明する表現。
◉It's on the left.
　左のほうです。
◉How many of you ?
　何人様ですか？
◉We are a group of three.
　3人のグループです。
　もちろん、単にthree（スリー）と答えてもよい。万一、気分が悪いようなときは次の表現で。
◉Where's the first aid ?
　救護所はどこですか？

"海外旅行"で通じる英会話 ❼

ホテルに泊る―"チェックイン"のし方

アイ ハヴァ　　　リザベイション　　マイ　ネイム　イズ
I have a reservation. My name is ….
予約してあります。私の名前は…

フロントでの会話にはどんなものがあるか――

　旅立つ前に、旅行代理店で現地の予約をしてある人は、ホテルロビー正面のフロントデスクに進み、予約してあることを告げる。

　予約が確認されたら、必ず予約時の条件（宿泊料金、部屋の種類）を確認する。

◉What's the rate for that ?
　宿泊料金はいくらですか？

◉Ninety dollars per day, right ?
　1日90ドル…ですね？

　最後のright（ライト）は「それで正しいですね？」という念押しをしているわけだ。"ラ"の音は、日本語の「ら」とは違い、舌の先が口内の上壁に触れない。舌が口の中で中途半端な位置にあるので不安な感じがするだろう。そこで、"ラ"の音を出すときは、実際には出さないが心の中で"ウ"から発音を始めるつもりで"ゥライト"とやるとうまくいく。

　つまり、英語の"r"の音はすべてこの要領で発音するのだ。

◉That'll be fine.
　それで結構です。

3 [海外旅行]での英会話

部屋の条件を示す表現は、一見難しそうだが、頭に入れておくと意外に簡単に口に出るもの。

◉A single with bath, right ?

バスつきのシングル(ベッド1つの部屋)ですよね。

ベッドが2つ入っている部屋なら twine(トゥイン)room、ダブルベッドの入っている部屋なら double(ダブル)room という。

We'd like a double room with bath.「バスつきのダブルルームをお願いします」

条件の確認がすんだら、登録カード(宿泊簿)に記入することになる。

◉Please fill out this form.

こちらにご記入ください。

書類などに書きこむことを fill out(フィルアウト)や、fill in(フィルイン)という。

覚えておきたい"必須語句" ⓭

date of birth (デイトヴ・バース)	生年月日 ＊宿泊カードの書式にある。
nationality (ナショナリティ)	国籍 ＊日本人なら Japan と書く。
present address (プレゼント・アドレス)	現住所 ＊日本の住所を書く。
country of departure (カントゥリーオヴ・ディパーチャー)	出国地 ＊日本発なら Japan と書く。
passport number (パスポート・ナンバー)	パスポート番号 ＊表紙を1頁めくるとある。
occupation	職業(オキュペイション)

"海外旅行"で通じる英会話 ❽

"ボーイ" "メイド" との会話あれこれ

The room number's 730.
730号室ですが…

(ザルーム)(ナムバーズ)(セヴンサーティー)

ルームナンバーの言い方をマスターする

　あなたの荷物類を部屋まで運んでくれるのが bell boy（ベルボーイ）、または bell hop（ベルホップ）である。部屋に入ったら、すぐに彼らを帰さずに物入れ、バスルームやスイッチ類の位置、非常口の位置など質問をすること。

　O.K.なら、必ずチップを渡す。彼らは歩合制で働いているため、あなたの渡すチップは給料を得るのと同じ意味がある。だから日本でいう心づけとは違う。渡すときはスマートに相手の手に渡す。決して目の前に札を差し出したりしないこと。

- ◉Where's fire exits ?
　非常口はどこですか？
- ◉Please tell me how to use it.
　それの使い方を教えてください。

　ロビーには一般の受付カウンターの他に、Bell Captain（ベルキャプテン）のカウンターがある。彼は"ボーイ長"でボーイ、メイドたちの采配をしたり客の相談にのってくれたりする。何かアドバイスを求めたいときは、この人物が最適である。

　部屋からフロントへ電話をするときは、見出しの表現を使って、まず自分の部屋番号を伝える。番号は、7－30のように

3 [海外旅行]での英会話

2つに分けて"セヴン・サーティー"のようにいうか、各ケタを順に"セヴン・スリー・ズィロ"のようにいう。

◉ Is the room service still available ?

ルームサービスはまだ利用できますか？

available は"アヴェイラブル"と発音し「利用できる」の意味を表わす。

あらかじめ、部屋のデスクの引出しの中にはルームサービスのメニューが入っている。それを見ながら注文することになる。

◉ Please bring me two Buds and a coke.

バドワイザー2本とコーラ1本をもってきてください。

ベルキャプテンをはじめとするボーイたちは、あなたにとって大切な情報源である。ただし、いろいろと教えてもらったら必ずチップを渡すこと。

◉ I want you to mail this letter.

この手紙を出しておいてくれますか。

ホテルロビーの自動販売機で切手を買うときは、額面より少し多めの金額を投入すること。手数料が加算されているためだ。街のドラッグストアではハガキ、封筒（envelope：エンヴェロウプ）、便せん（writing paper：ライティング・ペイパー）などを売っている。

◉ Captain, please send up a boy.

ボーイ長さんですか。ボーイさんを1人寄こしてください。

「…するために寄こしてください」といいたいときは、表現の最後に to …をつけ加える。

Please send up a maid to make bed.「ベッドを直すのにメイドさんを寄こしてください」

ベッドメイクは、メイドの収入源で客自身ではしないこと。

36

"海外旅行"で通じる英会話❾

> "クレーム"と日本への"電話"——

The toilet doesn't flush well.
トイレの水がよく流れません

> クレームは簡潔な表現で伝えること

　クレームは喧嘩とは違う。ホテルでまずいことがあれば、遠慮しないでクレームをつけること。

◉ The light doesn't work.
　ライトがつきません。

◉ There's no hot water.
　お湯が出ません。

◉ There's no towel in the bathroom.
　バスルームにタオルがありません。

◉ It's very noisy outside the room.
　廊下が非常にうるさいです。

◉ The air-conditioner doesn't work.
　エアコンが効かないんです。

　以上さまざまなクレームが考えられる。"…doesn't work" "There's no …" のパターンを利用して、練習されることをおすすめしたい。

　また、クレームではないが、部屋のドアが自動ロックになっているのを忘れて、キーをもたずに閉め出される人がいる。こんなときは、フロントデスクかベルキャプテンに、そのことを

3 [海外旅行]での英会話

伝える。

◉I locked myself out.

　(キーをもたずに)閉め出されました。

"アイ・ロックトゥ・マイセルフアウト"と発音する。くどくどと、I forget my key …などと説明する必要はない。

　さて、ホテルから日本に国際電話をするにはどうするのだろう。電話料金を宿泊料金と一緒に精算しようと思うなら、ホテルの交換手を呼び出してつないでもらうことになる。

◉I'd like to place a collect call to Tokyo.

　東京へコレクトコールをかけたいのですが。

　collect call(コレクトコール)とは、受信人払いの電話のこと。この場合は、オペレーターが東京の電話に出る人にYes.の返事をもらわないとつながらない。

◉I'd like to call to Kyoto, Japan.

　日本の京都へ電話をしたいのですが。

　交換からは、"Yes, the number, please." 「電話番号をお願いします」のようにいわれる。

◉The area code is 075 and the phone number is 123-4567.

　市外局番は075で、電話番号は123-4567です。

覚えておきたい"必須語句"　　　　　　　　　　　　⑭

blanket (ブランキット)	毛布
pillow (ピロウ)	枕
towel (タウァル)	タオル　＊bath towel, hand towel, wash towelがある。
faucet (フォースィット)	(水道の)蛇口
bulb (バルブ)	電球

37

“海外旅行”で通じる英会話⑩

“チェックアウト”を正確に伝える

アイム　チェッキンガウト
I'm checking out.
チェックアウト(出発)します

請求ミスはその場で指摘する

チェックアウトとは、ホテルを出発すること。宿泊料金、電話料金、その他の料金の精算、支払いに関する表現をしっかり身につけてもらいたい。

日本人の悪い癖で明細書をよく見ないで、支払いをする人が圧倒的に多い。特にアメリカでは計算ミスや記入ミスが非常に多く、十分に注意したいもの。

見出しの表現は、フロントデスクや支払い窓口（cashier：キャッシァ）の両方で使う。

部屋で荷運びのボーイに来てもらうときは、ベルキャプテンへ電話を入れる。

◉Captain, the room number 521, I'm checking out.
A porter, please.
ボーイ長ですか。521号ですがチェックアウトします。ボーイさんをよこしてください。

◉I don't think this is right.
これ、間違っていると思いますが。

明細書を見て、計算が違っていたり、かけていない所への電話料金を請求されていたりしたらこの表現を使いながら、誤っ

3 [海外旅行]での英会話

ている箇所を指摘すること。
● I never called to Chicago.
シカゴへは電話してませんよ。

ホテル滞在中に、施設やちょっとした言葉がわからないのは楽しさを半減させる。特に重要な語を次に示してみた。

Rooms	フロント（表示）
Fire Exit	非常口（表示）＊Emergency Exit となっていることもある。
fire extinguisher（ファイア・イクスティングイッシャー）	消火器
ladies' room（レディーズルーム）	女性用トイレ　＊powder room（パウダールーム）も同じ。
Occupied（オキュパイド）	使用中（扉に表示）
mezzanine（メザニーン）	中2階　＊エレベーターではMと表示されている。
corridor（コリドー）	廊下
upstairs（アップステアーズ）	上階に(の)＊「階下に(の)」は downstairs（ダウンステアーズ）。
dinning room	食堂、ダイニングルーム
annex（アネクス）	別館
coffee shop	軽食堂、コーヒーショップ
arcade	アーケード街
stamp vending machine	切手自動販売機、スタンプヴェンディングマシーン
gift shop	みやげ物店、ギフトショップ

38

"海外旅行"で通じる英会話⓫

> ## ショッピング①"売り場を探す"とき

ウェアズ　　　ザ　　　スポーティング　　　グッズ
Where's the sporting goods?
スポーツ用品売り場はどこですか?

売り場を示す言葉をマスターしておこう

　日本人、特に女性でショッピングを旅の最大の楽しみにしている人は多いはず。最近は日本人が多く訪れる観光地では、日本語の呼びこみ看板を店頭に出したり、カタコトの日本語ができる店員がいたりするようになった。

　しかし、そういう店ほど"高い"のが原則。たとえ英語しか通じなくても、思いきって現地の人が日常利用するような店を回ると、思いがけない掘り出し物があるかもしれない。英語はある一定の表現だけで十分に用がたせる。

　見出しの表現は、もうすでにご存知の、場所をたずねるWhere is …?のパターン。短縮するとWhere'sとなる。

◉Where's the budget corner?
　"お買得コーナー"はどこですか?
　budget cornerは"バジットコーナー"と発音する。

◉Where's the perfumes department?
　香水の売り場はどこですか?
　perfumesは"パフュームズ"と発音する。この表現は、デパートのような大型店内で売り場をたずねるときに使う。最後のdepartment（ディパートメント）は売り場区画を表わす。

3 [海外旅行]での英会話

◉Do you have any children's wear ?
　子供服はありますか？
「…はありますか？」はDo you have …?のパターンを使う。相手の返事は当然YesかNoしかない。

◉Yes, we do.
　はい、あります。

◉No, we don't have.
　いいえ、ありません。
　または、No, we don't handle.(ウィドン・ハンドゥル)も同じ意味で使われる。

◉I'm looking for a drugstore around here.
　このあたりでドラッグストアを探しています。
　店内や路上で、売り場や店の場所をたずねると返事が返ってくる。

◉Follow me.
　ついて来てください。

◉It's on the seventh floor, sir [madam].
　7階でございます。

◉It's on the upper level.
　上の階です。

覚えておきたい"必須語句"　⓯

shopping mal (ショッピングモル)	商店街
curio(キュリオ)	骨董品　＊店ならcurio shop
souvenir(スーヴェニア)	おみやげ　＊店はsouvenir shop
stationer(スティショナー)	文房具店
variety(バラィティ)	雑多な＊variety shopで雑貨店

39

"海外旅行"で通じる英会話⓬

ショッピング②"試してみたい"とき

ジャスト　　　ルッキング　　　　サンキュー
Just looking, thank you.
見てるだけです

じっくり品定め——そのときの表現はコレ

見出しの表現はぜひマスターしておきたい。ただ見ているだけなのに、店員にいろいろと説明されても困る。

決まるまでに、じっくり品定めやサイズの確認などをしたいときの表現は大切だ。

◉ Show me that, please.

あれを見せてください。

先方から"This one ?"「これですか？」とたずねられたら、"Yes, that's right."「はいそうです」、違っていれば"No, the red one, please."「いえ、その赤いのです」のように答えるといいだろう。

◉ I'd like to try it on.

試着してみたいのですが。

◉ Can I try it out ?

ちょっと試してもいいですか？

◉ Let me touch it.

その品にちょっとさわらせて。

これらの表現に対しては"Sure."とか"Please do."、"Of course."などの返事なら「いいですよ、どうぞ」という

3 [海外旅行]での英会話

意味。逆に "Sorry."、"Sorry, you can't." なら、「ダメです」を表わす。

◉I can't tell my size.

自分のサイズがわからないんですが。

これはとても大切な表現の1つ。I can't tell …とは、はっきりと、正確に…を伝えられないときに使う表現である。

◉Just right, I guess.

ぴったりのようですね。

◉It's too big.

大きすぎます。

big（ビッグ）の代わりにlarge（ラージ）「大きい」や、long（ロング）「長い」、short（ショート）「短い」、small（スモール）「小さい」などを入れると、いろな表現ができる。It's too は "イッツトゥー" と発音し、「…すぎる」の意味を表わすパターンである。

◉It's loose around the waist.

ウェスト回りがゆるいです。

"イッツ・ルース・アラウンザ・ウエイスト" と発音する。「きつい」とは It's tight … "イッツタイト" を使う。

覚えておきたい "必須語句" ⓰

size(サイズ)	サイズ
fit(フィット)	(サイズ)が体に合う
The bigger one. (ザビガー・ワン)	「大きいほうです」＊店員に物をとってもらう時、「小さいほう」なら smaller(スモーラー)。
I mean …(アイミーン)	「…のことをいっているのです」
Try it, O.K.?	「試していい？」

40

"海外旅行"で通じる英会話⓭
ショッピング③"品物を確かめる"

Is this a brand-new type？
イズィサ　　　　　ブランニュー　　　　　タイプ
これは最新型ですか?

"肝心なこと"を聞き出すパターンとは…

　品物を目の前にして、たずねたいことがいろいろあるだろう。詳しいことをペラペラ説明されても困ってしまう。そこで、あなたの知りたいことを、相手がYesかNoで答えるように質問することがポイントになる。

◉Which is the new type？
　どちらが新型ですか？

　品物を2つ並べて「どちらが？」とたずねるときはWhich is…?のパターンを使う。

◉Is this made in Canada？
　これはカナダ製ですか？

　スーパーマーケットなどで、製造国を知りたいときは商品にはってあるバーコードを見る手がある。縦しま模様の下に数字が並んでいる。この数字の頭2ケタが製造(生産)国を示しているのだ。日本製なら49で数字がスタートしているはず。ちなみにアメリカ、カナダは00〜09、フランスは30〜37、オーストラリアは93、スイスは76、ドイツは40〜43、スペインは84という具合。

　日本へのおみやげに、"49"の日本製を知らずに現地のものと

3 [海外旅行]での英会話

思いこんで、持ち帰ったという話を多く耳にする。

◉ Is this dress washable ?

　このドレスは水洗いできますか？

　washable（ウォッシャブル）は「水洗いが可能な」という意味。

◉ Are these drip-dry pants ?

　これらのズボンはノーアイロンですか？

◉ Is this watch waterproof ?

　この時計は防水性ですか？

　drip-dry（ドゥリップドゥライ）や waterproof（ウォータープルーフ）は各種の製品に使える語で、上の表現の pants や watch に換えていろいろな言い方を試してもらいたい。

◉ Are there any difference ?

　（これらの製品に）違いがありますか？

　文を長く感じる人は "Any difference ?"（エニ・ディファレンス）だけでも十分。または、"Which's better ?"「どちらが（品質が）いいの？」も使える。

41

"海外旅行"で通じる英会話⓮

ショッピング④"品物や値段の決め方"

I'll take this.
(アィル テイク ズィス)

これをもらいます

値下げ交渉には discount を使う

◉Wrap it as a gift, please.

プレゼント用に包んでください。

日本と違って、包装紙で丁寧に包んでくれることはない。袋に入れてくれるくらいがふつう。だからプレゼント用に包装したければ、そのことを伝えるべきだ。

◉Extra charge for it ?

それに別料金がかかりますか？

次に、大切な値段のたずね方、値引きの交渉表現を見てみたい。

◉How much is it ?

それはいくらですか？

◉How much for one ?

1ついくらですか？

◉How much in all ?

全部でいくらですか？

以上の3つの文句はぜひマスターしておきたい。文頭のHow much …?は「いくら？」という意味。だから、品物を目の前にして"How much ?"（ハウマッチ）だけでもよい。

3 [海外旅行]での英会話

◉ Is it tax free ?
　それは免税ですか?

◉ It's too expensive.
　それは高すぎます。

　expensive は"イクスペンスィヴ"と発音し、「(値段が) 高い」ということ。「妥当な (値段)」は reasonable (リーズナブル) である。

◉ Twenty dollars is my limit.
　20ドルまでなら出せます。

　こちらの予算の上限を相手に伝える表現。だから、値引きの交渉にも使える。

　相手が23ドルといったら上の表現を使う。相手が値を下げてこのあたりが妥当と思うまで、あなたは"No."をくり返せばいい。

◉ Discount, please.
　値引きしてくださいよ。

◉ Can you discount two dollars off the price ?
　値段から2ドル引いてくれる?

　支払いに関する表現は次の通り。

◉ Cash or charge ?
　現金ですか、それともカード払いですか?

　これは店員の表現である。"キャッシュオーチャージ"と発音する。カード払いなら、"Credit card, please."という。

◉ In cash, please.
　現金です。

◉ Traveler's check, please.
　旅行用小切手でお願いします。

42

"海外旅行"で通じる英会話⓯

> "ハンバーガーショップ"に入ったら

To go, please.
（トゥ ゴー プリーズ）
持ち帰りです

ファーストフード店は決まり文句でよし

　もしあなたがアメリカへ行ったら、ぜひハンバーガーショップに行ってみてほしい。ファーストフードの本場らしく、ボリュームと種類がすごい。

　見出しの表現は、日本では「テイクアウト」が使われる。

◉For here or to go ?

　こちらで食べますか、それとも持ち帰りですか？

　カウンターの前に立つと、まずこういわれる。大きな店でマイクを使って、早口でいわれるとたいていの人はまごつく。語尾 "…トゥゴー？" が耳に入ったらこの表現である。

「ここで（店内で）食べます」なら "For here."（フォアヒア）である。

◉One big burger, please.

　ビッグバーガーを1つください。

◉Anything on it ?

　何かのせますか？

　これは店員の表現。アメリカでは個別にレタスをたくさんのせたり、マスタードをぬいたりする注文が可能である。のせる物を works（ワークス）という。

3 [海外旅行]での英会話

◉Without mustard, please.
　マスタードをぬいてください。
◉With catchup, please.
　ケチャップをつけてください。
　without（ウィザウト）は「…をぬいて」、with（ウィズ）は「…をつけて」という意味。
◉Something to drink ?
　お飲みものは？
◉One orange juice, please.
　オレンジジュースを1つください。
◉Two cokes, please.
　コーラを2杯ください。
◉Large or regular ?
　（カップは）大ですか小ですか？
「小サイズ」はストレートに"スモール"とはいわない。ファーストフードは店同士の競争が激しく、カップサイズの言い方など誇大広告ぎみで、使われる語の意味から少し値引きして考えるとよい。
◉Regular, please.
　レギュラー（小）をください。

覚えておきたい"必須語句" ⓱

iced coffee（アイスドゥ）	アイスコーヒー
mustard（マスタード）	からし
cheese burger	チーズ・バーガー
egg burger	エッグ・バーガー
double burger	ダブル・バーガー
Everything, please.	「全部のせてください」

"海外旅行"で通じる英会話⓰
レストラン①"予約をしたい"とき

クジュー　　　リザーヴァ　　　テーブル　フォ　トゥナイト
Could you reserve a table for tonight?
今晩の予約をしたいのですが?

予約は人数・日時・名前を確実に伝える

　毎夜というのは予算の都合で大変だが、数度は行ってみたい。ハワイのようなリゾート地でも、ちゃんとしたレストランではジーンズ、ノーネクタイはお断わりの店が多いので注意。

　また、この種のレストランでは予約をして行くのが原則。予約の手順はまず、見出し表現から始める。

　要点は、人数、日時を正確に伝えること。手順に従って必要な表現を示してみた。

● Could I reserve a table for three?
　こちらは3人ですが、予約できますか?

● Ah …, you mean tonight?
　お客様、今夜でしょうか?

● Yes, at seven tonight.
　はい、今夜7時です。

● Let me check. Hold on, please.
　調べてみます。――そのまま（電話を切らずに）お待ちください。

● Yes, we can. May I have your name, sir [madam]?
　お受けできます。お名前をお願いします。

3 [海外旅行]での英会話

> Could you reserve a table for tonight?

こちらの希望時間に満席なら、次のようにいわれる。

◉ Sorry, We're a bit busy. Could you make it at eight thirty ?
申し訳ありません。8時半ではいかがでしょうか。

あなたがO.K.なら、

◉ All right, we can. Then we'll be there at eight thirty.
いいですよ。では8時半にそちらに行きます。

そうして、店に着いたら、そのまま勝手に入らずに入口に立っている係、または manager（マニジャー）に予約してあることを伝えるのがセオリー。

◉ We have a reservation. My name is Yamada.
予約してあります。名前は山田です。

入口に"Please Wait To Be Seated."の標示があれば「着席はお待ちください」ということ。

予約をしていない人は、次のように入口で伝えよう。

◉ We have no reservation.
予約はしてません。

44

"海外旅行"で通じる英会話⓱

レストラン②"オーダーのし方"（Ⅰ）

Red wine for us, first.
レッド　　ワイン　　フォーラス　　ファースト

まず、赤ワインをください

"ウッジューライク"の次に注目

レストランでウェイターが注文をとるときの常套句は、ほとんどが Would you like …?、あるいは What would you like …? のパターンである。

つまり、「…はいかがでしょうか？」、あるいは「何にいたしましょう？」ということ。

ウェイターは、あなたにメニューを渡すと、次の順番に質問をしてくるだろう。

①飲み物は？→②オードヴルは？→③スープは？→④メインデッシュは？→⑤サラダ類は？→⑥デザートは、の順である。ただし、これは可能性を全部示したもので、途中がとばされることもある。

◉Would you like any drinks？
　お飲みものは何になさいますか？

◉Would you like any appetizers？
　アペタイザーはいかがでしょうか？
　appetizer とは、食欲増進のための料理のこと。

◉What kind of soup would you like？
　スープの種類はいかがしましょうか？

3 [海外旅行]での英会話

◉What would you like to have?
何になさいますか?
次に示したのは、メニューで表示されている語句である。

soup (スープ)	スープ
consommé (コンソメイ)	コンソメ・スープ
bisque (ビスク)	貝、鳥肉を煮つめたスープ
bouillon (ブィヨン)	澄ましスープ
onion soup (オニオン)	玉ねぎスープ
bean soup (ビーンスープ)	いんげん豆スープ
potage (ポタージュ)	濃いスープ
beefsteak (ビーフステイク)	ビフテキ
fillet (フィレイ)	ヒレ肉
lamb (ラム)	子羊の肉
veal (ヴィール)	子牛の肉
rib steak (リブステイク)	あばら肉付ステーキ
roast steak (ロウストステイク)	直焼きステーキ
New York cut	牛の腰肉の極上ビフテキ
sirloin steak (サーロイン)	サーロインステーキ
a la carte (アラカート)	一品料理
appétizer (アペタイザー)	前菜、オードヴル
entrée (アントレー)	肉料理の前に出る料理
beverage (ベヴリッジ)	飲みもの類
apéritif (アペリティフ)	食前酒
soft drinks (ソフトドリンクス)	(アルコールの入らない) 清涼飲料

"海外旅行"で通じる英会話⓲

レストラン③"オーダーのし方"(Ⅱ)

Is it oily ?
イズィッ　オイリー

油っぽいですか?

「味」を表わす語を上手に使おう

　メニューを見ながら、ウェイターに質問をしてみる。多少時間がかかったとしても、気にしないでよい。

　見出しの表現の仲間には、次のようなものがある。

- Is it
  - sour ?　すっぱいですか?
  - (サワー)
  - salty ?　しょっぱいですか?
  - (ソルティ)
  - spicy ?　からいですか?
  - (スパイスィー)

- Does it taste hot ?
  ぴりっとしますか?
- Does it taste mild ?
  甘口ですか?

　注文の途中でウェイターが "And to follow ?" と、あなたにたずねたら「お次は何にいたしましょうか?」と促しているのだ。

- What kind of salad would you like ?
  サラダの種類はどういたしましょう?

3 [海外旅行]での英会話

◉A green salad, please.
野菜サラダをください。

◉What kind of dressing, sir？
ドレッシングは何になさいますか？

◉Italian dressing, please.
イタリアンドレッシングにしてください。

ドレッシングについては、下の関連"必須語句"を見ていただきたい。

ウェイターから水を向けられても、すぐにYesという必要はまったくない。いらなければ次の要領で――。

◉No salad.
サラダはいりません。

◉What would you have for dessert？
デザートは何になさいますか？

◉A pudding for her and a fruit cake for me.
彼女にはプリン、私にはフルーツケーキを。

◉Anything else, sir？
他にございますか？

◉No, thank you.
いえ、以上で結構です。

覚えておきたい"必須語句" ⓘ

French dressing	フレンチドレッシング
house dressing	店の自慢のドレッシング（ハウスドレッシング）
Thousand island dressing	サウザンド・アイランド・ドレッシング（マヨネーズとピーマンなどを混ぜたもの）

46

"海外旅行"で通じる英会話⓳
レストラン④ "調理法"に関する表現

Well-done, please.
（ウェルダン　　　プリーズ）
深く焼いてください

肉や卵の料理では焼き具合をうまく伝える

　ステーキの焼き加減は、よく話題になるのでよくご存知だと思うが、念のため確認していただきたい。

◉ Rare, please.
　生焼き（軽く焼いて）にしてください。
　"ゥレア"と発音する。

◉ Medium, please.
　中くらい（普通くらい）に焼いてください。
　"ミーディアム"と発音する。

　順序が逆になったが、「ステーキの焼き具合はいかがいたしましょうか？」は "How would you like your steak ?" という。英語が苦手な人は、最初の"ハウ"と最後の"ステイク"が耳に入ったら"焼き具合をたずねているな…"と判断していただきたい。

　肉以外に、卵料理も調理法を詳しくたずねられる。特に、アメリカの朝食は卵ぬきでは考えられないほどよく使われる。ホテルの食堂で朝食をとるときなどは、必ず「何卵か」をたずねられるのだ。やはり、"How would you like your egg ?" のパターンで聞かれるはず。

3 [海外旅行]での英会話

まず「ゆで卵」から。

◉ Hard boiled, please.

かたゆで（ハードボイルド）でお願いします。

◉ Soft boiled, please.

半熟（ソフトボイルド）でお願いします。

また、「…分ゆで」に関する表現は次の通り。

◉ How long would you like it, sir ?

（卵は）何分ゆでですか？

◉ Four minutes, please.

4分間ゆでてください。

卵焼き（fried egg）では、両面焼きか、片面焼きかを伝えることになる。

◉ I'd like fried eggs. Sunny-side up, please.

目玉焼きで、片面を焼いてください。

sunny-side up（サニーサイド・アップ）とは、雲の間から太陽が顔を出しているように見えるから、このように呼ばれる。日本人のいう"目玉焼き"は、ほとんどこれである。

◉ Turned-over, please.

両面焼きにしてください。

覚えておきたい"必須語句" ⓳

scrambled egg（スクランブルド・エッグ）	いり卵
porched egg（ポーチトゥ）	おとし卵　＊熱湯に卵を落としたもの。
underdone（アンダーダン）	英国式の Rare（ゥレア）のこと
medium rare	ミディアムゥレア　＊レアより強焼き。

"海外旅行"で通じる英会話⑳

レストラン⑤ "支払いをすます"とき

Check, please.
（チェック　プリーズ）

勘定をお願いします

スマートかつしっかりと支払いをするには

　見出し表現のように伝えると、勘定書きをもって来てくれる。テーブルに残すチップは、料金の10〜15パーセントが妥当なところ。もちろん、近くにサービスをしてくれたウェイターがいたら直接手渡す。

　ただし、ポケットに小額のコインがたまっているからと1セント・5セント玉などで渡すのは慎しみたい。場合によっては、非常に傲慢な態度にとられかねないからだ。

　レジで支払うとき、勘定書きは穴があくほどじっくり見るべきだ。計算ミスは日常茶飯事で、じっくりと請求書を確認しないのは日本人だけといわれる。

◉Does this include the service charge ?
　これにはサービス料も含まれていますか？
　the service charge（ザ・サーヴィスチャージ）を tax（タックス）に入れ替えると「これには税金が含まれていますか？」という意味になる。

◉Is this card taken here ?
　このカードを使えますか？
　"イズィスカード・テイクン・ヒア" と発音する。

3 [海外旅行]での英会話

●Sign here, please.

こちらにサインをお願いします。

カードで支払いをすれば、日本にいるときと同じでサインをしなければならない。

外国のレストランのスマートな利用法が、よくわからない人が多い。そこで、上手な利用法を…。

＜予約なしで行ったとき＞

リゾート地や週末に有名レストランに予約なしで行っても、なかなか席があいていない。そんなときは、入口のマネージャーに少々高くつくが、まずチップを渡す（5〜10ドル）。そして、あなたたちが男女の組なら、"Today's our wedding anniversary."（トゥデイズ・アワ・ウェディング・アニヴァーサリー）と大ウソつきになろう。きっと、これくらいのうそなら神様も許してくれるだろう。「今日は結婚記念日なんです」には、マネージャーも弱い。

待ち合い室を兼ねたバーで、呼びに来るまで待っていることになる。

48

"海外旅行"で通じる英会話㉑

"郵便局""銀行"でよく使う表現──

アイ　　ウォンタ　　　　　センダ　　　　　パースル
I want to send a parcel.
小包を送りたいのですが

両替の表現は必ずマスターしておく

　見出しの表現を係員に伝えると、宛先、小包の中味などをたずねられる。本来は上のフレーズのあとに"to Japan"「日本へ」をつけ加えていうのがベストだが、一気にいうのが難しい人はあとからつけ加える。

◉What are the contents ?
　中味は何ですか？
　contents（コンテンツ）が耳に入ったら、中味のことをたずねているのだな…、と判断しよう。

◉Personal use.
　私物です。
　非常に短い句だが、これで十分に通じる。ところで、国際小包は、各国の税関を必ず通るので、検査のため開封される。そこで、ひも類（mailing tape：メイリングテープ）は蝶結びにしておくのが望ましい。

◉By air mail, please.
　航空便でお願いします。
　By …のパターンは、郵便では多用される。By sea mail.は「船便で」、By registered mail.（レジスタードメイル）は「書

3 [海外旅行]での英会話

留で」、By special delivery.(スペシャルデリバリー)は「速達で」の意味を表わす。封書などでは、表面にこれらを書く。なお、英国では「速達で」はBy express delivery.(エクスプレスデリバリー)という。

◉What's the postage for this ?
　郵便料金はいくらですか？

　切手は、アメリカならホテルのロビーの販売機、郵便局、ドラッグストアなどで売っている。

　海外旅行をするとき、現金を持ち歩くのは危険だということで、大半をトラベラーズチェック（旅行小切手）にしていくことが多い。現地で手持ちの現金が少なくなったら、チェックを現金化する必要が出てくる。

◉Change the traveller's check to dollars, please.
　旅行小切手をドルに替えてください。

◉Cash the traveller's check, please.
　旅行小切手をドルに替えてください。

　両者ともまったく同じ意味だが、前者の表現ではtraveller's checkをthis money（ズィス・マニー）に入れ替えると、日本円をドルに替える表現として使える。

◉How much is the commission ?
　手数料はいくらですか？

◉How would you like it ?
　換金の内訳はどうしますか？

　答え方は慣れていないと、ちょっと難しい。ドルでは、一般に流通する20ドル札→twenty、10ドル札→ten、5ドル札→fiveのように呼ぶ。だから、「20ドル札4枚、5ドル札4枚」にするなら"Four twenties and four fives."と伝える。

49

"海外旅行"で通じる英会話㉒

"美容院""理髪店"での上手な対話

The same style, please.
<ruby>ザ</ruby> <ruby>セイム</ruby> <ruby>スタイル</ruby> <ruby>プリーズ</ruby>

(今と)同じ髪型にしてください

簡潔な言い方ほど要求が伝わりやすい

　ヘアスタイルは女性にとって重大事である。言葉が通じないばかりに、切りたくない髪をカットされたり、まるで予想もしない型にされたらどうだろう。

　こんなときこそ"Yes.""No."をとにかくはっきりいうこと。また、男性の理髪もヘアカット、ひげそりは完全に分離している。とにかく、可能なかぎり簡潔な表現を使うこと。

◉Only a haircut, please.
　散髪だけにしてください。
"オゥンリー・ア・ヘアカット・プリーズ"と発音する。

◉Only wash and set, please.
　シャンプーとセットだけにしてください。
"オゥンリー・ウォッシュアン・セット・プリーズ"という。

◉Stop here, please.
　ここで止めてください。
　この表現はとても大切。心の中では、今の長さでいいなと思っていても、黙っていては通じない。

◉Not too short, please.
　短すぎないようにお願いします。

3 [海外旅行]での英会話

The same style, please.

　アメリカでは、日本と比較して美容院も理髪店も料金が高い。さらに、ここでも当然チップが必要である。だからというわけではないが、"あっ"と思ったら必ずその場で希望を伝えること。先方も当然のようにあなたの言葉を聞くはず。

◉How about this ?
　これでいかがでしょう？

　ミラーを見せながら、このようにあなたの反応を見るはず。もう少し短く、またはもう少し手を加えたいなら、次のように伝える。

◉A little more, please.
　もう少しだけお願いします。

◉That's fine.
　それで結構です。

　または"That's enough."（イナフ）でもよい。また、この他に"マニキュア"とか"ネイルカット"をすすめられたら、

◉I don't think so.　◉Yes, please.
　いや、結構です。　　はい、お願いします。

"海外旅行"で通じる英会話㉓

"劇場""映画館"で必ず必要な表現

<ruby>バルコニー</ruby> <ruby>センター</ruby> <ruby>プリーズ</ruby>
Balcony center, please.
２階中央の席にしてください

"切符を買う"ときには、このフレーズを──

ニューヨークやロンドンを訪れたら、１度は本場の舞台を見てみるのもいい。ニューヨークはブロードウェイのミュージカルで日本でもよく知られているが、実はロンドンのほうが一足早い公演が行なわれることが多いのだ。

理由は簡単で、製作費が安上りで、客の反応が厳しいからだ。つまりロンドンで当たればブロードウェイでO.K.となるのだ。

日本人の旅行者にとって、切符をいかに買うかが問題である。最近は、旅行社の海外支店でも相談に乗ってくれるところがあるが、ホテルのフロント、ベルキャプテンなどにたずねてみるのも一手である。

◉Could you tell me where I can get the ticket?
　入場券はどこで売ってるか教えてください。

大変長いフレーズだが、Where, ticket が出れば、通じるだろう。

◉I want to see the musical "Cats".
　ミュージカルの"キャッツ"を見たいんです。

催し物の情報は、大都市で必ず出版されている情報誌を見るのが一番である。大きなホテルではロビーに置かれている。

3 [海外旅行]での英会話

　入場券売り場（box office：ボックスオフィス）に行ったら、いつの券を何枚か、そしてどの席かを伝える。

　ただし、念のためにいっておくと、有名なミュージカルの当日券などはないと思ったほうがよい。どうしてもと思う人はキャンセルされた券（returned ticket：リターンド・ティケット）が、まれに手に入るかもしれないので、売り場へ行ってみるとよい。

　入口付近に、"ダフ屋"がいるが日本のダフ屋ほど悪質ではなく、そんなに無茶なお金は要求しない。ニューヨークであればマジソンスクエアガーデンの三角地帯の ticket booth（ティケット・ブース）に当日券のキャンセルを待つ人々の姿がある。

　一般的には、前売り券（advance ticket：アドバンス・ティケット）を買うことになる。

◉Can I get a ticket for the Friday performance ?
　金曜日の入場券を1枚ください。

◉Orchestra or balcony ?
　1階席ですか、2階席ですか？

覚えておきたい"必須語句"　　　　⑳

orchestra（オーケストラ）	1階の上等な席
balcony（バルコニー）	2階の一般席
standing room（スタンディング・ルーム）	立ち見席
box seat（ボックス・スィート）	1階最前列席　＊もっとも上等な席で仕切り席。
center（センター）	中央の席
What's available ?	「どの席があいてますか？」
Sold out.	「売り切れ」（標示）

"海外旅行"で通じる英会話㉔

"レンタカー"を借りるときの表現

I'd like to rent a car.
アイド　ライタ　　　　　レンタ　　カー

車を借りたいんですが

利用日数・車種・保険の表現がポイント

　外国でレンタカーを借りるときは、事前に各都市の事情を調べてからにすべきだ。最近、日本人の海外での交通事故が急速に増加している。

　現地の交通ルール、保険、ガソリンスタンド (gas station) の利用など、大丈夫だろうか？

◉How many days do you want ?

　何日間、ご利用ですか？

　アメリカでは、金曜の夜から月曜日の朝まで借りる"3-day weekend"という割安料金のプランなどがよく利用される。

◉For one day, please.

　1日です。

◉What kind of car ?

　どんな車にしますか？

　この文句は、大型、小型、オートマティック、マニュアルなどの車の構造種別をたずねているのだ。

◉A compact and automatic car.

　小型でオートマの車にしてください。

　compact（コンパクト）は「小型車」を表わす。同じ意味

3 [海外旅行]での英会話

で、economy（イコノミー）も使われる。

「大型車」は large car（ラージカー）、「ギア式の車」なら standard car（スタンダードカー）という。

◉What make ?

　車種は何ですか？

"ホワット・メイク"とは実に簡単な表現だが、「ゴルフ」とか「ホンダ・シビック」のようなメーカー、および車名をたずねているわけだ。

◉Do you have Honda's ?

　ホンダの車がありますか？

◉I'd like to buy some insurance.

　保険に入りたいのですが。

insurance（インシュランス）とは「保険」のこと。「保険に入る」ことを上の例のように buy some insurance、または get some insurance という。

　路上に出たら、ガソリンスタンドの利用は不可欠だ。

◉Fill it up, please.

　満タンにしてください。

◉Ten dollars' of regular, please.

　普通のガソリンを10ドル分入れてください。

　ガソリンは、「ハイオク」を premium（プレミアム）、「普通」なら regular（レギュラー）という。アメリカでは、郊外を走っていて遠くに CLEAN REST ROOM という大看板を見たら、必ずその下にスタンドがある。

◉Where's the rest room ?

　トイレはどこ？

gas station イコール "トイレ" と覚えておこう。

52

"海外旅行"で通じる英会話㉕

"ドラッグストア""デリカ"を利用する

ドゥ　　ユー　　ハヴァ　　　　　ペインキラー
Do you have a painkiller ?
鎮痛剤はありますか?

うまく活用すれば、旅の面白さは倍増する！

アメリカでは、ドラッグストアは街角の"雑貨屋、薬屋、喫茶店"を兼ねていると思えばわかりやすい。

小型の店では、軽食カウンターがない所もあるが、ちょっとした日用品ならほとんどそろっている。

また、デリカテッセン（delicatessen）は、一種の惣菜屋兼小型スーパーだと思えばよい。

● I'd like some cosmetics.

化粧品が欲しいんですが。

cosmetics は"コズメティックス"と発音する。「口紅」なら lipstick（リップスティック）という。

● I want a color film, 24 shots.

24枚撮りのカラーフィルムをください。

24 shots は"トゥエンティ・フォー・ショッツ"と発音する。とても便利な言い方なので口慣らしをしておきたい。

● Do you have a Band-Aid ?

バンドエイドはありますか？

アメリカでは、薬品の販売は厳しい規則があるので日本のように街角の薬屋で、なんでも買えるわけではない。ドラッグス

3 [海外旅行]での英会話

トアで買えるのはちょっとした鎮痛剤、バンドエイド、目薬程度のものにかぎられてる。

● I want some stamps.
切手が欲しいんですが。

● Five 45-cent stamps, please.
45セント切手を5枚ください。

● Do you have mailing tapes ?
包装用のテープがありますか？

時間があれば、軽食カウンターも利用してみたい。店の主人と話をして、いろいろなことをたずねてみるといい。

● A hamburger for her, an orange juice for me.
彼女にはハンバーガーを、私にはオレンジジュースを1杯ください。

街角のデリカに入って、惣菜類やビールなどを買いこみ、ホテルの部屋で1杯やるのもいい。

● I'll take this one.　　A quarter, please.
これをください。　　4分の1ポンドです。

これは、ガラスケースに入っている食品を指差しながら、店員に注文しているところ。a quarter（ア・クォーター）とは、a quarter pound（パウンド）のことで、重さの単位。1ポンドが約450gだから、4分の1ポンドは100g強というところだ。

調理食品以外は、スーパーマーケットと同じで自分で取ってレジで支払いをする。なお、アメリカでは州別で率が異なるが消費税がかかるので注意。だから、各店頭には"9.98"などとシールがはってあって安売りを強調しているが、実際は10ドル以上の支払い額になる。

53

"海外旅行"で通じる英会話㉖

写真屋に"フィルムを出す"ときは

アイド ライクタ　　ハヴ　　ザ　フィルムズ　ディヴェロップト
I'd like to have the films developed.
フィルムを現像してください

旅の思い出を守る"基本フレーズ"集

　見出しの表現は、英語の苦手な人にはかなり難しく感じるかもしれない。店のカウンターにフィルムを置いて"Developing, please."（ディヴェロッピング・プリーズ）といっても十分に通じる。

◉What size do you want ?
　どのサイズにしますか？

　日本では、キャビネ、八ツ切り、サービスなどサイズの呼び方がいろいろあるが、英語ではこのような言い方はしない。写真の縦かけ横をインチ単位で表わすのがふつう。

　アメリカでは4×5インチが普通のサイズ（the regular size）である。

◉The regular size, please.
　普通サイズにしてください。

◉A glossy or mat finish ?
　光沢ですか、つや消し（絹目）仕上げですか？
　"ア・グロッスィ・オ・マッフィニッシュ？"と聞こえる。

◉A glossy, please.
　光沢仕上げにしてください。

3 [海外旅行]での英会話

◉ How long will it take ?

（仕上がりに）何日かかりますか？

これは大切な表現である。あなたが旅行中なら、仕上がり日が間に合わないことだってある。

◉ When can I pick it up ?

いつ取りに来ればいいですか？

これも前とほぼ同じ表現。この表現を使うと、曜日、時間などを教えてくれるだろう。

◉ Your pictures will be ready at four on Monday.

写真は月曜日の4時に仕上がります。

ポイントは、時間と曜日がわかればいいわけだ。

◉ At four on Monday, right ?

月曜日の4時ですね。

最後の right の末部を上げ調子にして確認する。

写真屋には、現像の依頼の他にフィルムを買いに行く。ドラッグストアの項で示したような簡単な言い方がある。

"I want a color film, 24 shots."

◉ Fuji ISO 100, color 24 for prints, please.

24枚撮りのフジカラー・フィルムをください。

ISOとは従来のASAに代わって使用されている「国際標準化機構」のこと。表現の終わりにある for prints とは、スライド用フィルムと区別して、「普通のフィルム」を表わす。

覚えておきたい"必須語句" ㉑

for slides（フォースライズ）	スライド用フィルム
fast film（ファースト）	高感度フィルム
tripod（トライポッド）	三脚
lens cap（レンズキャップ）	レンズカバー

"海外旅行"で通じる英会話㉗

"バー"で楽しむための必須フレーズ

"Early Times" on the rocks, please.
アーリータイムズ　　オンザ　　ロックス　　プリーズ

「アーリー・タイムズ」をオンザロックで

注文は必ず、具体的なブランド名ですること

　バーに接待の女性がいるのは、日本と東南アジアの一部だけである。また、外国では基本的に注文したものを受け取ったら、その場でお金を払う。

　だから、何杯も追加で注文したらそのたびに払うことになる。このシステムは明朗な会計につながり、安心して飲める。また、日本ではビールを5、6本テーブルの中央に置いて各自勝手についだり、相手のグラスに注いだりする。これは外国では考えられない。自分で払ったビールは自分で飲む、ということだ。

　仮りに、相手におごるときはビンごと相手に渡す。

◉I'll have a White Horse.

　ホワイトホースをください。

　注文は必ず具体的にブランド名でする。"Whiskey." などというと結局 "What brand ?" とたずねられてしまう。

　ただし、ロンドンのパブなどでは "Beer, please." でもよい。

◉It's my treat today.

　今日は私のおごりです。

　パブなどでは、ビールの1杯もおごりながら話をするのも楽

3 [海外旅行]での英会話

しいものだ。"イッツマイ・トゥリート・トゥディ"と発音する。

◉I'll have a martini, dry.

マティーニのドライをください。

dry（ドゥライ）とは「辛口」のこと。逆に「甘口」のことをsweet（スゥイート）という。

◉A pint of beer, please.

ビールを（容器）1杯ください。

ビール用の握りのついた大きな容器（1パイント≒0.6ℓ）1杯のことを意味する。

◉A Scotch and water, please.

スコッチの水割りをください。

「…の水割り」は…and waterのようにいう。

◉Another drink, please.

もう1杯ください。

◉Do you have any snacks?

つまみはありますか？

日本の赤ちょうちんのように、いろいろなつまみがあるわけ

ではない。

次に、バーで使われるアルコール類に関する語句を示してみた。よく意味をつかんでいただきたい。

neat（ニート）	ストレート　＊straightといってもよい。
lager beer（ラガービア）	ラガービール　＊数週間、寝かせたビール。
soda（ソウダ）	炭酸水
bourbon（バーボン）	トウモロコシを原料とした米国産のウイスキー
vodka（ヴォドゥカ）	ウォッカ　＊米国内のアルコール消費では1位。
Bloody Mary（ブラディ・メアリー）	ウォッカをベースにトマトジュースで割ったカクテル
Cognac（コニャック）	フランス産のブランディー
Campari（カンパリ）	イタリア産の赤ブドウ酒
sherry（シェリー）	スペイン産の白ブドウ酒
champane（シャンペイン）	フランス産の、発泡性白ブドウ酒
martini（マティーニ）	ウォッカ、またはジンをベースにしたカクテル
manhattan（マンハッタン）	ライ・ウイスキーをベースにしたカクテル
vermouth（ヴァームース）	ベルモット　＊食前酒用の白ブドウ酒。
crème de mente（クレーデ・モント）	ハッカの入ったリキュール酒

④ ENGLISH FOR EVERY SCENE

通じる英会話
トラブルがあっても
これでOK!

CHAPTER 4

55

"トラブル"もこれで解決だ！❶

> "あぶない！助けて！"の表現は

Help！
ヘルプ
助けて！

とにかく、簡単明瞭な表現を覚えてしまう

本当に危ないときは、英語なんかどうでもいい。ちょっと余裕があるときはワンワードで十分だから、英語で説明できればベストである。できるだけ、簡単な表現のほうが通じる。

1つだけ注意しておきたいが——警察が"110番"なのは日本だけである。主要な国の警察番号は、次のページを参照していただきたい。

◉ Robber！
　強盗だーッ！
　"ロバー！"と発音する。
◉ Policeman, please.
　警官を呼んでください。
◉ Call the police.
　警察を呼んでください。
◉ I've been robbed.
　（物を）盗まれました。
◉ Ambulance, please.
　救急車を呼んでください。
　ambulanceは"アンビュランス"の要領で発音する。

4 [トラブル]を解決!

　世界中で日本人旅行者の被害が急増している。次の表現は、路上で親切そうに近づいて来る連中の常套句である。
- Mister [Madam], somthing on your clothes.
　もしもし、服に何かついてますよ。
- Let me take your bag.
　荷物を運んであげましょう。
- Gimme a dime ?
　10セントくれる？

　最悪なのは次の"文句"である。
- Hands up !
　手を上げろ！
- This is stick up !
　手を上げろ！
- Your money or your life !
　金にするか、命にするか！

　警察官への説明は次の通り。
- He was a Caucasian [Black, Oriental].
　その男は白人［黒人、東洋系］でした。
- That man !
　その男です。

　各国の警察電話番号は次の通り。（ホテル内ならフロントへ）

アメリカ	0（交換手を呼び出す）	香港	5-290000（この番号は日本語でOK）
カナダ	0（アメリカと同じ）	イギリス	999
オーストラリア	000	ニュージーランド	111
グアム	0（交換へ）		

56

"トラブル"もこれで解決だ！❷

> "物を紛失したとき"はどうする──

I lost my passport.
パスポートをなくしました

（アイ　ロスト　マイ　パスポート）

> 緊急"連絡"する際のフレーズABC──

　パスポートは外国で身分を証明する、もっとも重要な書類。軽く考えて放っておけば、あなたはその日から"無国籍"になってしまう。もちろん、帰国もできない。

　ホテルの係員、警察に連絡しよう。そして、絶対に日本大使館（領事館）にただちに届けること。

◉My passport is missing.

　パスポートがないんです。

　タクシーに物を置き忘れる可能性も大きい。日本と違って外国では、再び出てこないと思っていたほうがよい。

◉I left my camera in a taxi［cab］.

　タクシーの中にカメラを置き忘れました。

　緊急事態の中には、次のような場合もある。

◉I'm straight.

　その気はないです。

　これは、いわゆる同性愛の人に対する"No."の表現。笑い話ではなく、国に関係なく非常に数が多い。"その趣味"がある人は勝手にすればいいが、そうではない人には困ったことになる。気づいたら、はっきりとこの句を使って断わる。

4 [トラブル]を解決!

● I shut myself out.

閉め出されました。

これはホテル内での表現。ホテルの項ですでに同様の表現を示したが、相変わらずカギをもたずにドアを閉めてしまう人が多い。外国にかぎらずホテルでは、ドアは自動ロックされることを覚えておきたい（P.87参照）。

● Fire !

火事だーッ!

とにかく大声で叫ぶこと。また"ファイア"が耳に入ったら「火事」と思うことだ。

警察やガード（マン）が次のように叫んだら、警告しているのだ。

● Get out of there !

そこを離れなさい。

"ゲタァトヴ・ゼア！"と聞こえる。

● Cut under this way !

こちらへ避難しなさい！

"カッタンダー・ズィスウェイ！"と聞こえる。

各国の救急番号は次の通り。（ホテル内ではフロントへ）

アメリカ	0（交換手へ伝える）	シンガポール	911-888
		台湾	119
カナダ	0（アメリカと同じ）	イギリス	999
		イタリア	113
オーストラリア	000	フランス	17（警察も同じ番号）
ニュージーランド	111	オランダ	555555
		ドイツ	110

57

"トラブル"もこれで解決だ！❸

病気・ケガ①　"痛い"をどう伝えるか

I have a headache.
アイ　ハヴァ　　ヘデェイク

頭痛がします

「…が痛い」ときの表現パターンは2つ──

　本人が重病であれば英語で説明どころではないが、まだ軽症のうちや、同行者が病気のときには落ち着いて説明をしたい。「…が痛い」ときには I have … ache（エイク）．または I have … pain（ペイン）．のパターンを使って表わす。

　痛みの程度は「ひどく」が severe（スィヴィア）、「少し」が slight（スライト）を使って表わす。

◉I have a slight headache.
　軽い頭痛がします。
　I have a severe headache.「ひどい頭痛がします」

◉I have a migraine.
　偏頭痛がします。
　migraine は"ミーグレイン"、または"マイグレイン"と発音する。

◉I have a throbbing headache.
　頭がズキズキ痛みます。
　throbbing は"スロビング"と発音する。

◉I have a toothache.
　歯が痛みます。

4 [トラブル]を解決!

◉I have a throat pain.
のどが痛みます。
throat は"スロート"と発音する。

◉I have a joint pain.
関節が痛みます。

◉My neck hurts.
首が痛みます。
hurts は"ハーツ"とあまり口を開けずに発音する。

◉I have a continuous pain here.
ここがずっと痛みます。
continuous(コンティニュアス)は「持続的な」を表わす。この表現は、体の痛む部分を示しながら説明しているもの。

覚えておきたい"必須語句" ㉒

head (ヘッド)	頭
face (フェイス)	顔
forehead (フォヘッド)	ひたい
nose (ノウズ)	鼻
mouth (マウス)	口
eye(s) (アイズ)	目
jaw (ジョウ)	あご
neck (ネック)	首
shoulder (ショウルダ)	肩
chest (チェスト)	胸
side (サイド)	横腹
belly (ベリー)	腹部
knee (ニー)	ひざ
shank (シャンク)	すね
ankle (アンクル)	足首

58

"トラブル"もこれで解決だ！❹

病気・ケガ②"一般症状"の説明のし方

I feel dizzy.
アイ　フィール　ディズィー

めまいがします

> ケースバイケースで、次の表現を使いこなせ

この項では病気・ケガの一般諸症状の表現を集めてみた。

◉ I have loose bowels.

下痢しています。

loose bowels は"ルース・ボウェルズ"と発音する。

◉ I cut my finger.

指を切りました。

◉ My child had a burn on the face.

子供が顔にやけどをしました。

burn は口をあまり開けずに"バーン"と発音する。

◉ I feel chilly.

寒気がします。

◉ My ears ring.

耳鳴りがします。

◉ She has a rash.

彼女に発疹(ほっしん)が出ています。

◉ I have cramps.

生理痛がひどいんです。

cramps は"クランプス"と発音する。

4 [トラブル]を解決!

- He feels vomitting.
  彼は吐き気がしています。
- I feel numb here.
  ここがしびれています。
  numb は "ナム" と発音する。
- My child has a fever and cough.
  子供が熱があって咳(せき)をします。
- My eyes are watery.
  涙が出るんです。
- My nose is running.
  鼻水が出ます。

覚えておきたい "必須語句" ㉓

arm (アーム)	腕 ＊「肘」の場合は elbow (エルボウ)。
hand (ハンド)	手 ＊「手のひら」の場合は palm (パーム)。
calf (カーフ)	ふくらはぎ
Achilles' tendon (アキリーズテンダン)	アキレス腱
heart (ハート)	心臓
stomach (スタマック)	胃 ＊ stomachache (スクマッケイク) は「胃痛」。
lung (ラング)	肺
eyelid (アイリッド)	まぶた
muscle (マッスル)	筋肉
front tooth (フロントトース)	前歯 ＊複数は teeth (ティース)。「奥歯」は back tooth (バックトース)。

"トラブル"もこれで解決だ！❺

病気・ケガ③"医者の診察"を受ける（Ⅰ）

オープン　ユア　マウス　セイ　アー
Open your mouth. Say "Ahh …".
口を開けてください。はい、"アーン"して

最大のポイントは十分に"耳を澄ます"こと

医師は、あなたが外国人だとわかればジェスチャー入りで話してくれるはず。ここでは、いかに"耳"を澄ますかがポイントである。

◉ What seems to be the trouble ?
　どうしました？
◉ Where do you have pain ?
　どこが痛いですか？

以上のフレーズは、医師の一種の"決まり文句"である。こういわれたら前のページの表現を利用して、うまく説明していただきたい。

ぐっとつまって英語が出なくなっても、"pain" "ache" "here" などがどうにか出れば、それで大丈夫。

◉ Please unbutton your shirt.
　シャツのボタンをはずしてください。

"アンバトゥン"と耳に入るはず。

◉ Will you take a deep breath ?
　深呼吸をしてください。

"ウィリュー・ティカ・ディープレス"と聞こえる。後半の"デ

4 [トラブル]を解決！

ィーブレス"と聞こえたら「深呼吸」である。

◉ Let me feel your pulse.

脈をとってみましょう。

◉ Let me take your temperature.

体温を計ってみましょう。

これらは医師の示すジェスチャーで、だいたい想像がつくから、さほどの問題はないだろう。しかし、口答を要する症状は説明がやっかいだ。

◉ Do you have an appetite ?

食欲はありますか？

appetite は"アペタイト"と聞こえる。

覚えておきたい"必須語句" ㉔

flu（フルー）	流感、インフルエンザ
heart attach（ハート・アタック）	心臓まひ、狭心症
gastritis（ギャストライティス）	胃炎
food poisoning（フードポイズニング）	食中毒
apoplexy（アポプレクスィ）	脳卒中
whiplash injury（ウィップラッシュ・インジュリー）	むち打ち症
internal bleeding（インターナルブリーディング）	内出血
diabetes（ダイアビーティス）	糖尿病
allergy（アラジー）	アレルギー
V.D.（ヴィー・ディー）	性病

60

"トラブル"もこれで解決だ！❻

病気・ケガ④ "医者の診察"を受ける（Ⅱ）

You should be hospitalized.
（ユ　シュッ　ビー　ホスピタライズド）
入院したほうがいいです

「どうですか？」と聞かれたら、こう答えよ

　見出しの表現のようになったら大変である。
　学校の英語でも hospitalize などという語は、ほとんどお目にかからない。
　しっかりと記憶にとどめておこう。

◉I feel much better.
　ずっとよくなりました。
　医師に "How do you feel ?"「どうですか？」とたずねられたら「良い」か「悪い」かをはっきりと答えよう。

◉I still have a pain.
　まだ痛みがあります。
　still（スティル）とは、「まだ」という意味。
　経過がよければ、歩いてみたい、食べてみたい、旅行をつづけたいなど、いろいろな質問が出てくる。

◉May I eat anything ?
　何か食べていいですか？

◉May I continue my trip ?
　旅をつづけていいですか？

◉May I drink any water ?

4 [トラブル]を解決！

水を飲んでもいいですか？

◉ Yes, you may.

はい、いいですよ。

◉ No, you shouldn't.

いや、やめたほうがいいです。

医師からはこのような指示が出るだろう。

◉ Take this medicine, please.

この薬を飲んでください。

もし、「毎食後に」薬を飲むのであれば "Take the medicine after every meal." となる。

湿布のような、はり薬なら apply（アプライ）を使った表現になる。

◉ Apply this ointment on your arm, please.

この軟こうを腕に塗ってください。

覚えておきたい "必須語句" ㉕

eyedrops（アイドゥロップス）	目薬
pain-killer（ペインキラー）	鎮痛剤
gauze（ゴーズ）	ガーゼ
sleeping pill（スリーピングピル）	睡眠薬
Band-Aid（バンドエイド）	バンドエイド（商標名）
laxative（ラクサティヴ）	緩下剤
prescription（プリスクリプション）	処方せん　＊これをもって薬局に薬を買いに行く。
first aid（ファーストエイド）	応急手当

61

"トラブル"もこれで解決だ！❼

> ### 数の表現①"数え方・言い方"の原則

アイ　ハヴ　　トゥエルヴ　　フレンズ　イン　カナダ
I have twelve friends in Canada.
カナダに12人の友人がいます

「11～19」の発音に注意しよう

　数字については、1～10は誰でも知っているはず。ただし、two は"ツー"だはなく「トゥー」と発音する。問題は11～19の発音である。特に、13～19の語尾には-teen がついていて、この部分を一番強く発音すること。たとえば、nineteen（19）は「ナインティーン」である。"ティーン"を強く発音しないと「ナインティ」、つまり90になってしまうから要注意。

1	one（ワン）	13	thirteen（サーティーン）
2	two（トゥー）		
3	three（スリー）	14	fourteen（フォーティーン）
4	four（フォー）		
5	five（ファイヴ）	15	fifteen（フィフティーン）
6	six（スィックス）		
7	seven（セヴン）	16	sixteen（スィクスティーン）
8	eight（エイト）		
9	nine（ナイン）	17	seventeen（セヴンティーン）
10	ten（テン）		
11	eleven（イレヴン）	18	eighteen（エイティーン）
12	twelve（トゥエルヴ）		

4 [トラブル]を解決！

19	nineteen（ナインティーン）	50	fifty（フィフティ）
20	twenty（トゥエンティー）	60	sixty（スィクスティ）
21	twenty-one（トゥエンティ・ワン）	70	seventy（セヴンティ）
29	twenty-nine（トゥエンティ・ナイン）	80	eighty（エイティ）
30	thirty（サーティ）	90	ninety（ナインティ）
39	thirty-nine（サーティ・ナイン）	100	hundred（ハンドレッド）
40	forty（フォーティ）	200	two hundred（トゥー・ハンドゥレッド）
45	forty-five（フォーティ・ファイヴ）	1,000	thousand（サウザンド）

さあ、いかがだろうか？

ここで実際に大きな数を英語ではどのように読み上げるか、実験をしてみよう。

＜3ケタ＞ 321は？

百の位が3個で、プラス21である。つまり、

three hundred twenty-one

＜3ケタ＞ 401は？

four hundred and one

つまり、3ケタでは"百の位"が何個と、プラス"何十何"の感じで数を読み上げるわけだ。気をつけてみると、hundredの前にどんな数があろうと複数形の"s"はついていない。

62

"トラブル"もこれで解決だ！❽

数の表現②"大きな数・いろいろな数"

イッ　　カムズ　　　トゥー　　サーティファイヴ サウザンド　イェン
It comes to 35,000 yen.
35,000円になります

5ケタ以上の数字に慣れておく

　前項にひきつづき、数の表現を十分にマスターしていただきたい。このページでは、大きな数の言い方やいろいろな数の表現のし方を見ていきたい。

　まず大きな数から——。

10,000　　ten thousand（ナンサウザンド）

100,000　a hundred thousand（ア・ハンドレッド・サウザンド）

1,000,000　a million（ア・ミリオン）

10,000,000　ten million（テンミリオン）

100,000,000　a hundred million（ア・ハンドレッド・ミリオン）

　もうお気づきだと思うが千の位以上は、"千の位のグループ""百万の位のグループ"で区切られ、そのグループ内でP.139で説明した＜3ケタ＞の言い方が用いられているのだ。

　だから、数字の位取りは3ケタ単位で"コンマ"がつけられているわけだ。仮に数字を目で見たとする。あなたは、すぐに右から3ケタごとにコンマをうつこと。すると、グループに区別されて英語でいいやすくなるはずだ。

4 [トラブル]を解決!

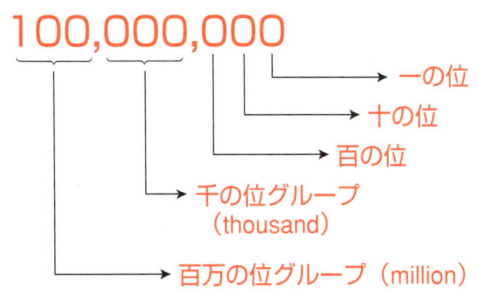

100,000,000

- 一の位
- 十の位
- 百の位
- 千の位グループ（thousand）
- 百万の位グループ（million）

＜6ケタ＞ 986,000なら？

千の位グループが986個だから、

nine hundred eighty-six thousand

グループが終わったら、ちゃんとグループ名（この場合はthousand）がついている。

＜8ケタ＞ 21,375,011なら？

百万の位のグループが21個
千の位のグループが375個　だから、
そして11

twenty-one million three hundred seventy-five thousand and eleven

逆に小さい数、たとえば小数点のある数はどうだろう。次の原則を守れば簡単だ。

①小数点は point（ポイント）と呼ぶ。

②小数以外はケタをはずしてそのまま（1つずつ）いう。
③0は"ズィロウ"という。
たとえば0．12なら？

zero point one two

たとえば3．14なら？

three point one four

●電話番号、ホテルのルームナンバーなどは、ケタをはずしてそのままいう。
　電話番号が123－4567なら？

one two three four five six seven

●西暦の年号は、2ケタずつの2グループに分けていう。
たとえば、2010年なら？
　20－10と考えて、

twenty ten

のように表わす。
●24時間法で時間をいうときも時グループと分グループに区分。

one twenty ⟶ 1:20

5

ENGLISH FOR EVERY SCENE

通じる英会話
電話のやりとりも
これでOK!

CHAPTER
5

63

"電話"でのコミュニケーション❶

"電話を受けた"ときの基本とは①

Speaking.
（スピーキング）
私（本人）です

応答表現の型を確実にマスターする

電話でもっともよく使われる応答表現「はい、…です」はThis is … speaking. で表わす。見出しの表現は、たまたま本人が電話に出たときの表現。

「…」の位置には姓を名のるのが普通である。会社組織などでは部署や組織名などを「名前 + of …」の型で表わすこともある。

◉This is Hayashi speaking.
　林です。

◉This is Mr.Harada of the Export Section.
　はい、輸出課の原田です。

ビジネス表現では、自分の名前にMr.やMs.をつけることがある。

◉This is A Company.
　はい、A社です。

◉This is she [he].
　私（本人）です。

見出しの表現の別の言い方だ。あなたが女性ならshe、男性ならheを使う。中学以来、このような英語の表現はほとんど見たことがない人が多いのではなかろうか。

5 [電話]を使いこなす

Speaking.

◉Who is this, please ?
　どちら様ですか？
◉Who's calling, please ?
　どちら様ですか？
　以上、どちらでも同じ意味。どちらか、口に出しやすいほうを頭に入れておくとよい。
◉You have the wrong number.
　番号違いです。
　単に"Wrong number."（ゥロング・ナンバー）だけでもよい。この表現は、あなたが外国で間違い電話をしたときに、相手からいわれるかもしれない。
◉Could you say that again ?
　もう1度お願いします。
◉Could you speak up, please ?
　（あなたの）声が小さくて聞こえないんですが…。
◉I can't hear you well.
　よく聞こえません。

"電話"でのコミュニケーション ❷

"電話を受けた"ときの基本とは②

Who are you calling, please ?
フー　アー　ユー　コーリング　プリーズ

誰を(電話口に)呼びましょうか?

基本中の基本——「ゆっくり話してください」

一定の慣用句は、まだまだある。電話を受けてすぐに相手に伝えなければ、まずいことになることは早目にいってしまおう。

前項では「もう1度…」「声を大きく…」「よく聞こえない…」が出てきたはず。

◉Would you slow down a little, please ?

もう少しゆっくり話していただけませんか?

これはとても大切なフレーズの1つ。中途半端に英語が上手な人(失礼!)は、電話の英語で大ミスをやることがある。相手が、「この人は英語がわかるな…」と判断したとたんに安心して"ノーマル・スピード"(日本人にとっては"異常に速く感じる"速さ)になってしまう恐れがあるのだ。

◉I'm sorry. I can't keep up.

すみません。ちょっとわからないです。

これも前の表現とほぼ同じニュアンスを表わす。相手がしだいに早口になったら、すぐにこの文句を使う。

keep up は"キーパップ"と発音する(P.33参照)。

◉This is Mr. Brown, right ?

おかけになっている(あなたは)ブラウンさんですね?

5 [電話]を使いこなす

　電話に出たあなたにではなく、家族の誰か、社内の誰かであれば相手にそのまま、待ってもらう必要がある。まず、相手の名前を再確認する。

◉Please hold on.

　そのままお待ちください。

　電話でもっとも頻繁に使われる表現の1つである。hold on（ホールドン）は「この電話を切らずに、そのままで待ってください」を表わす。

　「しばらく…」をつけ加えたければ、for a moment（フォア ラ・モーメント）を終わりにつける。

　Please hold on for a moment.

◉Hold, please ?

　そのままお待ちください。

　これも前の表現と同じ。口に出しやすいほうを覚えていただきたい。

◉I'll get her [him].

　彼女［彼］を呼んで来ます。

　「…を電話口に呼んで来ます」ということ。

◉He [She] is out right now.

　彼［彼女］は外出しております。

　"ヒー［シー］ズアウト・ライトナウ"と発音する。文尾の right now は「ただいま」という意味。

◉He is away on a business trip.

　彼は仕事で出張しています。

◉He is out of town on a business trip.

　上の2つとも「仕事で他の都市（町）へ行っている」ことを表わす。

65

"電話"でのコミュニケーション❸

"電話を受けた"ときの基本とは③

May I take a message ?
伝言がありましたらどうぞ

"電話に出られない"理由の上手な伝え方

前のページで示した表現以外に、当人が電話に出ることができない理由はいっぱいある。

- My husband hasn't come home yet.
  主人はまだ帰っておりませんが。
- I'm afraid he is still at work.
  彼はまだ仕事をしていると思います。
- She is in Nagoya on business.
  彼女は仕事で名古屋へ行っていますが。

ちょっと外出しています、席をはずしていますのニュアンスは、次の表現でいうことができる。

- She is not here at the moment.
  ちょっと外出して（席をはずして）います。
- My wife isn't home at the moment.
  妻はちょっと外出しておりますが。

オフィス内であれば、当人が別室にいるとか、別の課にかかってくるとか、いろいろな場合が考えられる。

- I'll transfer your call. Please hold on.
  電話を回します。そのままお待ちください。

5 [電話]を使いこなす

◉I'll transfer your call to the person in charge.
担当者にお電話を回します。

大変長い表現だが、オフィスでは全員が知っておきたい表現だ。the person in charge（ザ・パースン・インチャージ）は「担当者」という意味で、いろいろな場面で使える。

◉I'll transfer your call to the Import Section.
お電話を輸入課に回します。

今ここに、当人がいてもすぐ電話に出られないこともある。

◉He's on another line now.
今、他の電話に出ておりますが。

◉He is in conference.
彼は会議中ですが。

こう伝えると "When will he be back ?"「いつそこに戻られますか？」と質問がくるはず。

◉He'll be back in thirty minutes.
30分で戻ります。

"ヒールビーバック・イン・サーティ・ミニッツ" という。

66

"電話"でのコミュニケーション❹

"電話をかける"ときの決まり文句①

This is Hayashi calling.
ディス　イズ　　ハヤシ　　　コーリング

もしもし、林といいますが…

相手が出たら May I speak to …?

　電話を受けるときと違って、こちらからかけるときは用件がある程度定まっているため、相手が電話口に出さえすればあとはどうにかなるもの。

　見出し表現のように最後に "calling" をつけると「今電話をしているのは…です」の意味が生まれる。

◉ May I speak to Mrs.White ?
　ホワイト夫人をお願いします。

◉ I'd like to speak to Bob.
　ボブをお願いします。

◉ Hello, is your mother at home ?
　もしもし、お母さんはいらっしゃいますか？

　この表現は、電話口に子供が出た場合。先方がもう青年なら、次のように伝える。

◉ May I speak to your mother, please ?
　お母さんをお願いします。

　あなた自身のことを詳しく相手に伝えるには、次の表現で。

◉ This is Mr.Hayashi of Kyoto.
　京都の林です。

5 [電話]を使いこなす

◉My name is Hanako Yamada.
山田花子といいます。

◉I'm a friend of Helen's.
ヘレンの友人です。

◉This is Mr.Tanaka of Toyo Bank.
東洋銀行の田中です。

◉This is Taro Yoshida of Keio University.
慶応大学の吉田太郎です。

相手の個人名ではなく部屋の番号や部課のときは、次の要領で上手にかけよう。

◉I'd like to speak to the person in charge advertising, please.
広告担当の方と話がしたいのですが。

person in charge of … (パースン・インチャージオヴ) は「…担当の人」という意味。会社にかけるときは非常に重要な表現である。

覚えておきたい"必須語句" ㉖

Foreign Department (フォーリン・ディパートメント)	外国部
Business Department (ビズィニス・ディパートメント)	営業部
Planning Department (プランニング・ディパートメント)	企画部
Import section (インポート・セクション)	輸入課
Export section (イクスポート・セクション)	輸出課
Secretariat (セクリタリアト)	秘書室

67

"電話"でのコミュニケーション❺

"電話をかける"ときの決まり文句②

イクステンション　　　　ワンオウトゥー　　　　プリーズ
Extension 102, please.
内線102をお願いします

「のちほどこちらから…」は不可欠な表現

　内線（extension）につなぐように依頼すると、"Who are you calling, please ?"「その内線の誰につなぎましょうか？」とたずねられることがある。

◉Mr. Brown at extension 153, please.
　内線153のブラウンさんをお願いします。
　部屋番号がわかっているときには、次のようにいう。
◉Room 746, please.
　746号室をお願いします。
　部屋番号は"ルーム・セヴン・フォー・スィックス"のように各ケタをそのまま読む。
　せっかく電話をしても、常に相手がいるとはかぎらない。そのときはただ"Thank you."だけでは用がたせない。
◉When will he be back ?
　彼はいつ頃戻られますか？
◉I'll call back later.
　のちほど（再び）電話をします。
　この表現は文字で見ると簡単だが、その場になるとなかなか出ないことが多い。何度も"アイルコール・バック・レイタ"

5 [電話]を使いこなす

を口に出して、得意表現の1つにしていただきたい。

◉ It's nothing very urgent, so I'll call again.
　急ぎの用ではありませんので、また電話します。

　非常に長い表現だが、これも状況によってはよく使う。前半の文だけでもいえたら、それで十分。

　urgentは、口をあまり大きく開けないで"アージェント"と発音する。

◉ It's nothing very important, so I'll call again.
　そんなに重要な話ではありませんので、また電話します。

　これも前の表現のパターンを応用したもの。もちろん、前半の部分だけでも十分。

　電話のかけ直しを伝えるのには、"call back"(コールバック)のパターンが有効である。

◉ I'll call back again this evening.
　今晩また、お電話します。

　evening(イヴニング)とは、夕方5時くらいから夕食までという感覚で使われるのが一般的。それ以降はnight(ナイト)である。

◉ May I leave a message ?
　伝言をお願いしていいですか？

◉ Please tell him that I'll be an hour late.
　彼に1時間ほど遅れますと、お伝えください。

　この"Please tell 人 that …"のパターンも、ぜひマスターしたい。慣れるとこのワンパターンは、もう手放せないくらい便利なものだ。

◉ Please tell Helen that I won't come today.
　ヘレンに今日は行けないと、お伝えください。

68

"電話"でのコミュニケーション❻

外国人を"日本の家庭に招く"とき

ウェア　アー　ユー　コーリング　フロム
Where are you calling from ?
どこから電話してるの?

相手が家の近くに来ているときの応答は──

　外国から日本に来ている人を家庭に招くのは、最高のプレゼントになる。あなたの家の大きさや広さなどまったく関係ない。

　先方の家まであなたが迎えに行くのなら、このページはいらない。ここでは、相手があなたの家の近くまで来て、電話を入れてきた場面を想定して、必要最低限の表現を集めてみた。

◉Where are you now ?

　今どこにいるの?

　見出しの表現とほとんど同じ意味で使う。どちらか覚えやすいほうを、1つだけ頭に入れておけばそれで十分用がたせる。

◉Wait right there.

　そこで待っていてください。

　wait(ウェイト)のあとにfor me(フォーミー)を入れて"Wait for me right there."(ウォイトフォーミー・ライトゼア)としてもよい。

　このようにいわれると、知らない土地に来てちょっと不安な相手も安心して、その場であなたを待っているだろう。

◉Ichiro has gone to meet you.

　一郎はあなたに会いに(出迎えに)もう出かけました。

5 [電話]を使いこなす

人を待つほうは、行く人よりも速く時間が流れるもの。"ここで、この時間でよかったのかな…"と不安になって電話してきた人には"大丈夫ですよ…もう迎えに行きましたよ"の言葉をちゃんと伝えよう。

◉He should get there any minute now.
　数分で彼はそちらに着くはずです。

◉Hanako has already left to pick you up.
　花子は、あなたを迎えに出かけましたよ。

相手が駅からかけているようなら、次の表現が有効。

◉What exit are you at ?
　どの出口にいますか？

　大都市の電車の駅は、「…出口」がいっぱいあって、1つ出口が違うと行き違いが起こってしまう。"ホワッイグズィット・アーユー・アット"と発音する。

◉I'll be there in about five minutes.
　約5分でそこへ行きます。
　"アイルビーゼア・インナバウト・ファイヴミニッツ"。

"電話"でのコミュニケーション❼

"国際電話をかける"ときのパターン

アイム　　コーリング　　フロム　　ジャパン
I'm calling from Japan.
日本から電話しています

> ホテルの交換にたずねる際は、このフレーズ

　国際電話では、あなたが海外から日本へかける場合と、日本から海外へかける場合の2通りが考えられる。

　今や世界の主要都市では、ホテルの客室からダイヤル直通で日本へ電話がかけられる。どうしてもわからない人は第3章の"ホテル"の項（P.86）を参照していただきたい。

　アメリカのホテルから、自分でダイヤルして直接、日本へ電話する手順は次の通りである。

①ホテル室内の電話の外線番号をダイヤルする
②011をダイヤルする（アメリカの国際電話識別番号）
③81をダイヤルする（日本の国番号）
④日本の市外局番をダイヤルする（頭の0は不要）
⑤日本の電話番号をダイヤルする

　このように見ると非常に複雑に感じるが、1度実行してみると、意外に簡単である。この場合、料金はチェックアウトするときホテルのキャッシャで支払うことになる。

〈例〉アメリカから東京の123-4567へは？

　ホテルの外線 → 011 → 81 → 3 → 123-4567

5 [電話]を使いこなす

◉ Operator, can I make a direct-dial call to Japan ?
　交換ですか、日本へダイヤル直通でかけられますか？

　ホテルの外線番号がわからない人、何度トライしてもうまくいかなかった人は、ホテルの交換にたずねてみる。
"Yes, you can."（イエス・ユーカン）の返事があったら次のようにたずねる。

◉ What number ?
　何番ですか？

"ホワッ・ナンバー"だけでよい。ほとんどのホテルでは、"０"が多いので"ズィーロウ"とか、あるいは"オウ"とか伝えてくれる。

◉ Will you hang up, please ?
　１度（電話を）切ってお待ちください。

◉ Will you hold on, please ?
　そのまま（切らずに）お待ちください。

　この２つの表現は、非常に大切な表現である。したがって「切らずに」待つのか、「切って」待つのか、よく耳を澄ましていることが肝心だ。

「切って」──"ハンガップ"

「切らずにそのまま」──"ホールドン"

◉ I'm sorry Mr.Hayashi checked out this morning.
　申し訳ありませんが、林様は今朝お発ちになりました。

　海外の宿泊先などに電話を入れた場合、先方がすでに出発していればこのようにいわれる。特に"チェックトゥアウト"の部分に注目してほしい。

70

"電話"でのコミュニケーション❽

電話中の表現①「ちょっと待って…」

Just a second.
ジャスタ　　セカンド

ちょっと待って(ください)

"待ってほしい"ときの表現はいろいろある

電話中に、台所に煮物がふいたり、誰かが訪ねてきたり、トイレに行きたくなったり…、いろいろなことが起こる。そんなとき「ちょっと待ってくれる？」は何というのか。

しっかりと頭に入れておきたい便利表現は次の通り。

- Excuse me. Let me get my notebook.
  ごめんなさい。手帳を取ってきます。

メモ帳、紙を取ってきたいなら、

- Just a second. Let me get a piece of paper.
  ちょっと待ってください。メモ用紙を取ってくるから。

誰かが訪ねてきたようであれば、次のように伝える。

- I think somebody is at the door. Hold on a second.
  誰か来たみたい。そのまま、ちょっと待ってくれる？

- It sounds like someone's at the door.
  誰か来たみたいです。

また、実際に来客中であれば、

- I have some visitors right now.
  今、来客中なんです。

この表現に引きつづいて、

5 [電話]を使いこなす

◉Let me call you back in about an hour.

1時間後にこちらから、折り返し電話していいですか。

ちょっと変わったところでは、「台所でガスが…」などの表現が考えられる。

◉Wait 10 seconds while I turn off the gas.

ガスを止めるから10秒だけ待って（くれますか？）。

"ウェイト・テンセカンズ・ワイライ・ターノフ・ザガス"の要領で発音する。

◉I'm afraid I have a call on another line. Hold on, please.

ごめんなさい、キャッチホンが入ったみたいです。そのまま待ってください。

"アイマフレイド・アイハヴァコール・オンナザライン"と発音する。

「キャッチホン」は、海外ではあまり普及していない。そのまま"キャッチホン"といっても外国人には通じない。

◉I just got out of the bath.

ちょうどフロからあがったばかりなの。

◉I'm just about to leave.

ちょうど出かけるところだったんです。

不思議なことに、忙しくしているときにかぎって電話のベルが鳴り出すというケースが多いものだ。そんなときには、上の2つの表現が便利。

なお、帰宅時間がわかっていれば次のように、それとなく伝えておくとよい。

◉I'll be back around 9.

9時頃帰ります。

"アイルビー・バック・アラウンド・ナイン"の要領で。

71

"電話"でのコミュニケーション❾

電話中の表現②"確認と訂正"をする

Do you get me ?
ドゥ ユー　　　ゲッ　　ミー

(私のいうことが)わかりますか?

"会話のミス"を防ぐには、ここに要注意

　突然英語で電話がかかってくれば、ふつうの人なら誰でもあがり気味になるものだ。日本語でなら、テキパキと正確に用件が伝えられる人でも、たわいのないミスをしやすくなるものだ。そんなときこそ、ぐっと落ち着いて…。

◉Do you understand what I mean ?
　私のいうことがわかりますか?
◉Do you understand what I'm saying ?
　私のいってることがわかりますか?
　以上2つとも、表現を前半、後半に分けて考えると、わかりやすい。

| Do you understand
(ドゥユー・アンダスタンド) | What I mean ?
(ホワッタイミーン)
What I'm saying ?
(ホワッアイム・セイイング) |

understandは「…を理解する」という意味。

◉Do you understand my English ?
　私の英語がわかりますか?
　こちらのいう内容がわからないのか、英語そのものがまずい

5 [電話]を使いこなす

のか、を問いたいときはこの1句を使ってみる。

● Sorry, my mistake.

ごめんなさい。間違いました。

● Not on Tuesday but on Wednesday.

火曜日ではなくて水曜日です。

約束の取り決めなどで、前言を取り消して正しい日を述べている表現。Not … but ～「…ではなく～です」のパターン。「…曜日に」は on …となる。念のため、次の曜日を確認していただきたい。

日曜日　Sunday（サンディ）

月曜日　Monday（マンディ）

火曜日　Tuesday（チューズディ）

水曜日　Wednesday（ウェンズディ）

木曜日　Thursday（サーズディ）

金曜日　Friday（フライディ）

土曜日　Saturday（サタディ）

● I'm sorry. I said June just now, but I meant July.

ごめんなさい。今6月といいましたが、7月の間違いです。

meant（メント）は、mean（ミーン）の「意味する」の過去形である。"ミーント"とは発音しない。

● I think maybe you've got that wrong ….

おそらく、勘違いされていると思いますが…。

これは、相手の間違いを指摘する表現。明らかに勘違いか間違いをおかしているな、と思ったらこの表現で確認してみる。

● You mean today ?

今日ですか？

語尾を上げ調子で発音する。

"電話"でのコミュニケーション❿

電話中の表現③「やあ…、しばらく」

ロング　　タイム　　ノー　　スィー
Long time, no see.
やあしばらく、久しぶりですね

うれしい電話には、自分の気持ちを素直に出す

「ほんとに久しぶりですね」など一種の挨拶の表現は、わかっているようで、その場になると意外に出てこないもの。

◉ How have you been ?
　どうしてました？（お元気でしたか？）

◉ How's everybody ?
　みなさんはお元気ですか？

◉ How's your family ?
　ご家族はお元気ですか？

◉ It's so nice to hear from you again !
　また、お電話をいただいて、とてもうれしいです。

　あの人はどうしてるのかな…、と思っているときに電話を受けるのは、うれしいものだ。そんな気持ちを相手に伝えられたら、もっとすばらしい。

◉ I was just about to call you.
　ちょうど電話をしようとしていたところです。

◉ I was just thinking about giving you a call.
　ちょうど電話をしようと思っていたところです。
　以上2つは、ほぼ同じニュアンスを表わす表現。

5 [電話]を使いこなす

◉ I called you up the other day.

先日、電話をしたんですよ。

call 人 up は「…に電話をする」という意味。もちろん、call だけでもよい。

I'll call him up. 「彼に電話をします」

I called her up. 「彼女に電話をしました」

◉ I gave him a call, but he was out.

彼に電話をしましたが、外出していました。

give 人 a call も「…に電話をする」を表わす。

◉ I tried to call you up three days ago, but there was no answer.

3日前にあなたに電話をしましたが、誰も出ませんでした。

three days ago の"ago"(アゴー)は、「…前」を表わし、過去の表現で使われる。

a week ago 「1週間前に」

two years ago 「2年前に」

about a month ago 「約1か月前に」

73

"電話"でのコミュニケーション⓫

電話中の表現④「ちょっと会わない?」

ハウ　アバウト　ザッ　コフィー　ショップ
How about that coffee shop ?
あの喫茶店でどう?

電話で"会う約束"をする場合のポイントは

　一般的な「会いましょう」の表現は、第2章 (P.56) をあらためて見ていただきたい。

　この項では、電話を通して会合の約束をどのようにするか、を説明してみたい。

　見出しの表現は、互いによく知っている「あの喫茶店でどうですか?」と打ち合わせをしているところ。

◉ Where do you want to meet ?
　(会うのは) どこがいいですか?

◉ How about my house ?
　私の家でどう?

　この表現は "How about meeting at my house ?" を簡潔にしたもの。

◉ Is it okay if I come to your house ?
　あなたの家に行っていいですか?

　come (カム) というと、すぐに「来る」と考えてしまう。もちろん、「来る」の意味はある。

　しかし、相手の立場に立ってものを謙譲的にいうときには「そちらへ行きます」の意味に変化することになるのだ。した

5 [電話]を使いこなす

がって、あなたが、相手のほうへ行くことは、相手から見るとあなたは come しているわけだ。

◉How about the east exit of Yokohama Station ?
横浜駅の東口でどう?

◉How about at Jiyugaoka just noon ?
自由が丘で12時ちょうどでどう?

英語にかぎらず、中途半端な返事は困る。ダメならダメで、はっきりいうこと。

自分の予定がわかっていれば、それを相手に伝えるのが親切だ。

◉I get off work at six.
6時に仕事が終わります。

「…時」は at …のように表わす。

「朝7時半に」at seven thirty in the morning
「8時25分に」at eight twenty-five

◉I'm busy this week.
今週は忙しいです。

◉I'll be in class tomorrow morning.
明日の午前は授業があるのよ。

◉I'm off the second and third Saturdays of the month.
第2・3土曜日は、仕事が休みです。

数字で、「第1番目、第2番目…」のような序数は、次のように表わす。

1番目	first (ファースト)	5番目	fifth (フィフス)
2番目	second (セカンド)	6番目	sixth (スィクス)
3番目	third (サード)	9番目	ninth (ナインス)
4番目	fourth (フォース)	10番目	tenth (テンス)

74

"電話"でのコミュニケーション⑫

電話中の表現⑤ "本人が不在"のとき

She's out at the moment.
彼女は、ちょっと出てるんですが…

相手をうまくごまかすのに最適な表現は…

電話を受けるべき当人がトイレなどに行っているときは、どのように相手に伝えたらいいのだろう。意識的にうそをつくわけではないが、何かうまい言い回しはないだろうか。

◉My wife isn't home at the moment.
妻はちょっと出かけてるんですが…。

at the moment（アッザモーメント）は「ほんのちょっとの間」を表わす。moment は、時間の長さで使うときは「瞬間」の感覚でよく使われる。

at this moment「今」、for a moment「しばらく」、in a moment「たちまち」、Just a moment.「しばらくお待ちください」

◉I'm afraid that Taro's tied up at the moment.
申し訳ないんですが、太郎は今、手が離せないんです。
tied up は"タイダップ"と発音する。

◉Well, actually, he's in the bath.
ええと、実は彼はフロに入ってるんです。

◉Hanako's taking a shower right now ….
花子は今、フロに入ってるんですが…。

166

5 [電話]を使いこなす

◉I'm afraid she's in bed with a cold.
　残念ながら、彼女は風邪で寝ています。
　この表現の場合、相手が心配をしないように次の1句をつけ加えておくといい。
◉Not serious. It's a kind of flu.
　重くありません。一種の流感ですよ。
　"ノッ・スィアリアス""イッツァ・カインドヴフルー"の要領で発音する。seriousとは、病気・ケガ、問題などが「重大な；重い」を表わす語。
◉I'm afraid Masako has already gone to bed.
　申し訳ないんですが、正子はもう寝てしまいました。
　こう伝えればよほど重大事でもないかぎり呼び出してくれ、ということはないだろう。ついでに、正子ちゃんの起きる時間をいえば、その時間ならO.K.ですよ、というニュアンスも伝わるだろう。
　She gets up around seven every morning.「毎朝7時すぎには起きますよ」
◉Shall I have her call you when she gets up?
　彼女が起きたら、あなたに電話をさせましょうか？
　have（ハヴ）は「を持っている」「を食べる」以外に一定のパターンをとると、非常に便利な意味が生まれる。

have＋人＋動詞.──→「人に…させる」

I'll have him call.──→彼に電話させます
Mother had me cook.──→母は私に料理をさせました
Taro has her help.──→太郎は彼女に手伝わせます
I'll have Taro go there.──→太郎はそこへ行かせます

75

"電話"でのコミュニケーション⓭

電話中の表現⑥「遅くにゴメンナサイ」

ソーリー　アバウト　コーリング　ソウ　レイト
Sorry about calling so late.
こんなに遅く電話してすみません

こちらの不作法の許しを乞う表現を覚えよ

　この種の表現は、日本国内だけで使うものではない。地球は丸いのだから、裏側の国と日本では時間が逆転する。ついうっかりそのことを忘れて電話を入れたら、先方ではとんでもない時間だった、なんてことはあり得るのだ。

◉ I woke you up, didn't I ? I'm sorry.
　起こしてしまいましたか？　ごめんなさい。

◉ I'm sorry to call at dinner time.
　夕食中に申し訳ありません。

◉ I'm sorry. I must be interrupting your dinner.
　すみません、お食事（夕食）中に電話しまして。

　以上のフレーズの後に「急ぎの用件で…」の表現をいうことになる。

◉ …, but it's quite urgent.
　急ぎの用件なものですから…。

◉ For two or three minutes, please.
　2, 3分だけお願いします。

◉ …, but it's rather important.
　ちょっと重要な用件なものですから…。

5 [電話]を使いこなす

　ふだんから、相手の生活時間がよくわからなくて"いつ電話したらいいか…"悩むときは、次の2つの表現を使ってたずねておくとよい。

◉ How late can I call？
　何時くらいまでなら、電話は O.K.ですか？
　"ハウレイト・キャナイ・コール"と発音する。
　上の表現以外に How late may I call ?でも同じ意味を表わすことができる。

◉ How early may I call？
　朝は何時くらいから、電話は O.K.ですか？
　"ハウアーリー・メイアイ・コール"と発音する。
　1つ注意したいのは、日本的発想で遠回しに「何時に寝るの(起きるの)？」を上の表現の代用で使うことがあるが、英語では言葉通りに一般的な質問と受けとられてしまう。

◉ May I call you up about 10 tomorrow night？
　明日の夜10時頃に電話してもいいですか？

◉ Could you tell me about your routine？
　あなたの日常の時間の過ごし方（生活時間）を教えてくれますか？
　routine は"ルーティーン"と発音し「日常の決まりきったこと」を意味する。
　この表現はある程度親しくなった間柄でないとまずい。"プライバシー"に関することだから、他人にいいたくない人も当然いる。

◉ Give me a call when you are free.
　ひまなときがあったら電話ちょうだい。
　"ギヴミーア・コール・ウェンユーアー・フリー"という。

"電話"でのコミュニケーション⓮

電話中の表現⑦「最近変わったことは?」

What's new ?
ワッツ　　　ニュー

何か変わったこと(生活の中の出来事)ある?

親しい相手には、こんなフレーズを使え——

親しくなった間柄で、2、3週ぶりに電話をかけ合うとき、「どうしてるの?」「何か変わったことあった?」などの、一見たわいない表現が実は、会話の糸口としては重要な役割をはたしているのだ。

これは英語にかぎったことではなく、日常の日本語を考えてみるとわかるだろう。

◉(There's) nothing new here.
　変わったことはないね(ないわよ)。

◉Everything's the same here.
　まったく変化なしですよ。

このように答えた後で、「あなたのほうは?」と一言つけ加えることを忘れずに。

◉How about you ?
　あなたのほうは…?

◉How are you getting along ?
　いかがお過ごしですか?

"ハウアーユー・ゲティンガロン"の要領で発音する。これは特別に電話用の表現というのではなく、一般の表現としても多

5 [電話]を使いこなす

く耳にする。

◉ Last week was tough.

先週は（仕事が）大変でした。

この表現は仕事にかぎらず、身体がきつかったり、さんざんなことがあったり、つらいことがいろいろある——そんな意味の表現がこれである。tough は"タフ"と発音する。

◉ Last week was pretty tiring, what with a business and overtime work, too.

先週はとても疲れました。出張やら残業やらで……。

非常に長いフレーズだが、日常よくありそうなことだ。pretty tiring（プリティ・タイアリング）は「とても疲れる」である。

pretty = very と覚えておきたい。

後半の what with …は「…やら、～やら」を表わす便利な表現。

◉ I'm not so busy these days.

最近はあまり忙しくないです。

"アイムノッ・ソー・ビズィー・ズィーズ・デェイズ"。

77

"電話"でのコミュニケーション⑮

電話中の表現⑧ちょっとした"お見舞い"

How's your cold ?
ハウズ　　　ユア　　　コウルド

風邪の具合はどうですか?

挨拶代わりのお見舞いの言葉をストックする

次の表現は、電話にかぎらず、普通の会話でも使える見舞い・気遣いの言葉である。

◉How do you feel today ?
今日は具合はどうですか?

◉How's your appetite ?
食欲はありますか?

◉Do you have a good appetite ?
食欲はありますか?

appetite（アペタイト）は「食欲」を表わす。さらに、次のフレーズをつけ加える。

◉Did you take a medicine ?
薬は飲みましたか?

medicineは"メディスン"の要領で発音する。

◉Take it easy for a while.
しばらくの間、のんびりしてください。

"ティキット・イーズィー・フォアラワイル"と発音する。

◉Don't overdo.
ほどほどにしてください。

5 [電話]を使いこなす

　overdo（オウヴァドゥー）とは「やり過ぎる」という意味の動詞。だから、仕事、勉強、遊びなどなんでも"度を越さないようにしなさい"を伝えるには、この表現を使うと通じる。

◉ Get well soon.
　早く治してください。

◉ I hope you'll get well soon.
　早くよくなるといいですね。

◉ Take care.
　おだいじに。

◉ Take care of yourself.
　だいじにしてください。
"テイクケア・オヴヨアセルフ"の要領で発音する。
　次の表現は、少々長いが電話を通して相手が風邪をひいているのではないかな…、と感じたら使いたい表現である。

◉ It sounds as if your nose is pretty stuff up.
　鼻声（鼻がつまっている）のようですね。

◉ I'm sorry to hear that.
　それはよくないですね。

◉ That's too bad.
　それはよくありませんね。

◉ Are you any better today ?
　今日は（症状、気分が）いかがですか？

◉ Your voice is hoarse, isn't it ?
　声がかれていますね。

◉ Do you have a hang-over ?
　二日酔いですか？
hang-over は"ハングオウヴァー"と発音する。

"電話"でのコミュニケーション⑯

電話中の表現⑨"身の回りの話題"（Ⅰ）

マイ　ワイフイズ　ストゥラッグリング　ウィズ　ハー　ダイエット
My wife is struggling with her diet.
妻はダイエットに悪戦苦闘していますよ

"雑談"がやれるようになればシメたもの

　電話の会話は、何も緊急な用件やビジネス・トークばかりではない。どちらかというと"雑談"のほうが多いかもしれない。

　見出しの表現のように、一見何でもないような身の回りの話題を口をついて出せるようなら、あなたの英語力も相当アップしていることになる。

　ふだんから、このようなフレーズを少しずつ頭の中にプールしておきたい。ここでアドバイスを1つ。

①得意なフレーズは決して早口で話さない。（暗記しているとつい得意になって、早口でペラペラやりたくなる。すると相手の反応も言葉も、自然に早くなってしまう。──得意な表現とそうでない表現の落差が大きくなる）

②できるだけ、会話の中にユーモアを入れたい。

③内容が理解できないのに、中途半端な返事（Yes, No）をしない。

● Our daughter has started going to driving school.
　娘がドライビングスクールに通い始めました。

● Do you enjoy drinking ?
　（酒を）飲んでますか？

5 [電話]を使いこなす

◉Do you like alcohol ?
　アルコールはいけるほうですか？
　alcohol は"アルカホール"と発音する。日本式のアルコールでは通じない。

◉I don't touch alcohol.
　アルコールはやりません。
　touch は"タッチ"と発音する。

◉I don't smoke, but I do drink.
　タバコはやりませんが、酒は飲みます。

◉She loves sweets.
　彼女は甘い物が大好きです。

◉Can you eat hot foods ?
　辛いものは大丈夫ですか？
　hot（ホット）の代わりにspicy（スパイスィー）を使っても同じ意味になる。

　当然、趣味なども話題となる。できることなら自分のもっている趣味については、英語でいえるようにしておきたい。

◉Do you have a hobby ?
　趣味はおもちですか？

◉What kind of things are you interested in ?
　何に興味をおもちですか？

◉My son collects old coins.
　息子は古銭を集めていますよ。

◉I go jogging every morning.
　毎朝ジョギングをします。
　morning（モーニング）を evening（イヴニング）に入れ換えれば、「毎夕ジョギングを…」になる。

"電話"でのコミュニケーション⑰

電話中の表現⑩ "身の回りの話題"(Ⅱ)

アイ ハヴ　　アブソルートリ　　ノウ　ホビーズ
I have absolutely no hobbies.
まったくの無趣味です

Let's＋動詞のパターンは応用範囲が広い

引きつづき、身の回りの話題を見てみよう。

◉I play golf every now and then.
　ときどきゴルフをします。

◉Let's play tennis together sometime.
　いつか一緒にテニスをしましょう。

　このLet's ＋動詞＋ together sometime.のパターンは非常に応用がきくので、ぜひマスターしてほしい。

◉Let's cook together sometime.
　いつか一緒に料理しましょう。

◉Let's make cake together sometime.
　いつか一緒にケーキを作りましょう。

◉Let's go for a drive together sometime.
　いつか一緒にドライブに行きましょう。

　さらに応用して sometime (サムタイム) を具体的な日、季節に換えることができる。

　together は "トゥギャザー"。

◉Let's make a trip together this fall.
　今秋、一緒に旅行に行きましょう。

5 [電話]を使いこなす

◉I'm thinking about starting aerobics.
　私、エアロビクスを始めようと思っているのよ。
「…しようと思ってるの」「…するつもり」「…を計画してます」などの表現も、話題の中では必要になってくる。

◉I'm going to go to Canada to study English next year.
　来年、英語を学びにカナダへ行くつもりです。

◉I'm going to have a party this weekend.
　今週末にパーティーを開くつもりなのよ。

"アイム・ゴーイングタ"にいろいろな動詞がつくパターンだ。下の例を見ていただきたい。

I'm going to ｛ go a bargain-hunting.
　　　　　　　（ゴウァ・バーギンハンティング）
　　　　　　　have a day off.
　　　　　　　（ハヴァ・デェィオフ）

このようなパターンで「バーゲンあさりに行く」「1日休みをとる」"つもりです"を表わすことができる。

同様に、I'm planning to 動詞、のパターンも「計画」を表わすことができる。

◉I'm planning to go to Kyoto this summer.
　この夏は、京都に行く計画をたてています。

◉How long are you planning to stay in Japan ?
　日本にはどれくらい滞在する予定（計画）なんですか？

◉My sister's planning to go overseas.
　姉は、海外へ行く計画をたてている。

◉What are you planning to spend this weekend ?
　今週末はどんな計画をたててるの？
　spend（スペンド）は「（時間、お金）を費やす」こと。

"電話"でのコミュニケーション⓲

電話中の表現⑪ "簡単な意見"をいう（Ⅰ）

I think so, too.
アイ スィンク ソウ トゥー

私もそう思いますよ

話の内容を"理解している"ことを伝える

第1章でも"応答"について説明したが、電話では互いに姿が見えない。話の内容について少なくとも"あなたのお話はわかっていますよ"というニュアンスを伝える必要がある。

◉ Of course.
　もちろんです。
　同様の意味で"Certainly."（サートゥンリー）、または"For sure."（フォー・シュア）などが使える。

◉ I feel the same way.
　私もそう感じますね。
　"アイフィール・ザ・セイムウェイ"の要領で発音する。

◉ You're so right.
　あなたは正しいですよ。

◉ Don't worry about it.
　そのことは心配しないでください。

◉ It doesn't matter.
　何でもないことですよ。

◉ It's all right.
　大丈夫です。

5 [電話]を使いこなす

もしも相手に誘われたら、はっきりと"Yes."か"No."をいわなければならない。

◉ I'll be glad to.

喜んで。(… Yes)

◉ Gladly.

喜んで。(… Yes)

"グラッドリー"と発音する。同様の意味で"With pleasure."(ウィズ・プレジャー)もよく耳にする表現である。

否定に関する表現も大切。

◉ Of course not.

もちろん違います。

◉ Absolutely not.

まったく違います。

"アブソルートリィー・ノット"と発音する。

◉ Not yet.

まだです。

"ノッチェット"の要領で発音する(P.15参照)。

81

"電話"でのコミュニケーション⓮

電話中の表現⑫ "簡単な意見"をいう（Ⅱ）

Really ?
（ゥリァリィ）
本当？

言葉がうまく見つからないときは、どうする

　見出しの表現は発音に注意したい。前にも述べたように r の発音は日本語の"リ"とは違う。

　実際には音にならないが、心の中で"ウ"の音を作ってみる。"ウ"の音を出そうと作っている口の形で"ゥリァリィ"とやると、うまくできるはず。非常に難しく感じるが、何度も練習するとしだいに慣れるものだ。

◉ Is that so ?
　そーですか。

◉ What a surprise !
　驚いたな！

◉ I'm sorry to hear that.
　それはどうも（同情します）。

◉ How awful !
　なんてひどい（話でしょう）。

◉ Then what did you do ?
　それでどーしたの？

◉ Then what happened ?
　それからどーなったの？

5 [電話]を使いこなす

◉I see ….

あ、そーなの（そーですか）。

言葉がうまく見つからないこともよくある。英語でうまくいえるはずだったのに、突然忘れてしまったり、言い方が混乱したりしたら…。

◉His name has slipped on my mind.

えーっと、彼の名前をど忘れしました。

"ヒズネイム・ハズ・スリップト・オンマイ・マインド"のように発音する。

◉I don't know how to say in English.

英語で何といったらよいか、わからないんですが…。

how to …とは「…のし方」ということ。これもうまく使いこなすと、便利な表現が山のようにできる。

I don't know
- how to cook them.「料理のし方」
- how to use it.「使い方」
- how to drive.「運転のし方」

◉How should I put it？

どのようにいえば（表現すれば）いいのか…。

"ハウシュダイ・プッティッ"の要領で発音する。

◉Give me some time to think about it.

考えるのにちょっと時間をください。

◉That reminds me ….

それで思い出しましたが…。

◉By the way ….

ところで。

◉This is about a different subject, but ….

話は変わりますが…。

"電話"でのコミュニケーション⑳

電話中の表現⑬ "お祝い"や"お悔やみ"

サンキュー　　　　　フォー　　　コーリング
Thank you for calling.
お電話ありがとうございました

祝福とお悔やみの表現は常備しておく

「おめでとう」や「心からお悔やみ…」などの表現はある日突然、必要になるもの。これらの表現はふだんから意識して身につけておかないと、瞬時には出てこない。

また、電話をそろそろ切りたいと思うとき、相手に失礼にならない上手な表現がある。これを知らないと、相手が切るまで待っていなければならないことになってしまう。

◉ Congratulations！
おめでとう！
"コングラチュレイションズ"と発音する。

◉ Congratulations on your promotion！
ご昇進おめでとう。

◉ Isn't that great！
すごいじゃないですか。

◉ Good for you！
やったね。

◉ I hear you had a baby. I'm so happy for you.
赤ちゃんが生まれたそうですね。おめでとう。
I hear … "アイヒァ"は「…だそうですね」とうわさなど

5 [電話]を使いこなす

が、耳に入ったことを示す表現。

◉Merry Christmas !
　メリークリスマス（クリスマスおめでとう）!

◉Happy New Year !
　新年おめでとうございます。

　お悔やみは、落ち着いてあなたの気持ちを伝えよう。

◉Please accept my heartfelt condolences.
　心からお悔やみ申し上げます。

"プリーズ・アクセプト・マイ・ハートフェルト・コンドレンセズ"と発音する。

　非常に長いフレーズだが、多少発音がまずくても心が伝われば、十分に役目をはたす表現である。

◉Please do your best to get over it.
　つらいでしょうが、どうぞお気を強く…。

"プリーズ・ドゥユアベスト・トゥーゲッ・オウヴァイッ"と発音する。

◉I'm so sorry to hear about your father's death.
　お父さんが亡くなられたそうで、お悔やみ申し上げます。

"アイム・ソーソーリー・トゥーヒアアバウト・ユアファーザーズ・デス"と発音する。最後の"デス"は、できるだけ、上下の歯で軽く舌先をはさむように"ス"の音を作る。
◉I heard about the tragedy in your family.
　ご家族にご不幸があったそうで、お悔やみ申し上げます。
"アイハーダバウト・ザ・トゥラジディ・インユア・ファミリー"と発音する。お悔やみの表現は非常に長いが、あくまでも心を伝えるための表現だ。発音はあまり気にしない。
　電話を切るときの表現は次の通り。あなたにとって、一番口に出しやすい表現を覚えていただきたい。
◉Well, I guess I must be going.
　さて、そろそろ切らせていただきます。
◉I guess I'd better get off the phone.
　そろそろ切らせていただきます。
"アイゲス・アイドゥベター・ゲトフ・ザ・フォウン"と発音する。
◉Well, thank very much for your time ….
　さて、お忙しいところ…ありがとうございました。
◉Please call again.
　また電話してくださいね。
◉Call again any time.
　いつでもいいですから、また電話をくださいね。
　同日に会う約束があるとか、いったん電話を切るようなときは軽く、
◉Good-bye for now.
　それでは…。

6
ENGLISH FOR EVERY SCENE

通じる英会話
ビジネスの会話は
これでOK!

CHAPTER
6

83

"ビジネス"の会話もこれで安心 ❶

"面会の取り決め"などの表現は——

イッツァ　　　プレジャー　　　トゥー　　ミーチュー
It's a pleasure to meet you.
お会いできて、うれしく思います

何よりもまず"丁寧な表現"を心がける

ビジネスで人に面会するからといって、決して特別な英語があるわけではない。ただ、ある程度親しくなるまではできるだけ、丁寧な表現を使っておいたほうが無難である。

一般的には、相手の会社に約束なしで飛びこんでも、担当者に会えることは少ない。企業のトップクラスに面会するのであれば、秘書に対して電話で申しこむのがふつうである。

一言注意しておきたいが、欧米の企業ではトップの秘書は、他の重役に匹敵するほど有能な人物が多い。日本式に単なる"お付人"の感覚でいると、とんでもないことになりかねない。

◉This is Tanaka of Toyo Company.
　こちら東洋カンパニーの田中と申します。

◉I'd like to see Mr.Robert.
　ロバートさんにお会いしたいのですが。

◉I'm afraid I don't have an appointment.
　面会の予約はしておりません。
　電話で面会予約を取りつけるには、

◉I'd like to meet Mr.Smith at two o'clock tomorrow if it's all right with him.

6 [ビジネス]での英会話

もしご都合がよろしかったら、明日の2時にスミス氏にお会いしたいのですが。

"… if it's all right with 人"のパターンは応用が広い。「…さんにとって都合がよければ」という意味を表わすのだ。

… if it's all right with you
「あなたのご都合がよければ…」
"イフイッツ・オーライ・ウィズユー"と発音する。

◉ I'd like to see you sometimes this week.
今週中に、あなたとお会いしたいのですが。

◉ What time is convenient for you?
何時がよろしいですか？

「もっとも都合のよい時間は…」とたずねたいときは次の表現が最適。convenientは"コンヴィニエント"と発音する。

◉ When would be most convenient?
いつがもっとも都合がよろしいですか？

先方の秘書や担当者に、日時を指定してほしいときや、こちらの希望日時を伝えたいときは、次の表現を使って要領よく話を進めたい。

◉ May I arrange a time?
日時を取り決めてよろしいですか？

◉ I'd like to set a definite time.
正確な日時を決めたいのですが。

先方が即決できないときは、予定を調べて、おり返し電話をくれることになる。

◉ Let me check the schedule and call you back.
予定を調べまして、おり返しお電話をさしあげます。

"チェッザ・シェデュール""コールユーバック"に注目。

84

"ビジネス"の会話もこれで安心 ❷

上手な"自己紹介""先方の確認"――

ヒアズ　マイ　ネイム　カード
Here's my name card.
名刺をどうぞ

初対面でのスムーズな"コンタクト"のとり方

　先方とコンタクトをとるのに、あなたが"何者"であるか？ 逆に"やってきた人物"が誰なのか？――両者ともに、非常に重要な問題である。

　黙って名刺を差し出しても、相手のあなたに対する信用度が上昇するわけでもないだろう。かといって、ビジネス・トークで初対面から無意味なことをペラペラやっても、かえって疑われるだけである。

　また、相手の会社の人間だからという安易な発想から、担当でない人物にいくら説明しても、まったく無駄である。話を聞くだけ聞いて "I'm not the person in charge."「私はその担当ではないですから…」で一巻の終わりである。

　電話で自己紹介をするとき――。

◉ This is Mr.Tanaka of Tokyo Department Store.
　こちら東京デパートの田中ですが。

◉ This is Miss Yoshida of Sales Department.
　営業部の吉田でございますが。

◉ This is Mr.Kimura, the person in charge of Export Section of AB Corporation.

6 [ビジネス]での英会話

AB株式会社の輸出課の担当をしています木村と申しますが。
直接に対面したとき――。

◉My name is Yamamoto, the chief of Import Section.
山本といいます。輸入課の課長をしております。

◉I'm Sakamoto from Tokyo.
東京からまいりました坂本です。

会社で電話を受けるときには、一定の簡略パターンがある。すっきりしていて、まったくよけいな言葉をはさまない。

◉ABC company. May I help you ?
ABC 社です。

◉May I have your name, please ?
どちら様でしょうか？

場合によっては、社名の後に電話に出た人の名を名のるパターンもある。

◉Taiyo Publishing Company, Mr.Ono speaking.
太陽出版です。こちら小野ですが。

そして、自分の名前でも、ビジネス電話では Mr.,Miss などをつける。

◉Who's this speaking, please ?
どちら様でしょうか？

◉What are you calling about, Mr.James ?
ジェイムズさん、どのようなご用件でしょうか？

相手が直接会社を訪れたとき――。

◉May I have your name, sir ? One moment, please.
お名前をお願いいたします。少々お待ちください。

来客への対応については、次の項を参照していただきたい。

85

"ビジネス"の会話もこれで安心 ❸

来客を"迎えるとき""接待するとき"

ホワッ　　カンパニー　　アユー　　フロム
What company are you from ?
どちらの会社からおいででしょうか？

外国人の"接待"はさしてムズカしくない

　基本的には、来訪者の社名と名前をまず確認することから始まる。最近は、アタッシュケースをもって飛びこんでくる外国人ビジネスマンが急増している。

◉Do you have an appointment with Mr.Tanaka ?
　田中とはお約束していらっしゃいますか？

◉Just a moment, please.
　少々お待ちください。

◉I'm afraid he's out of town today.
　申し訳ありません。本日は出張しております。

◉He'll be back tomorrow.
　明日、戻りますが。
　受付で相手を待たせるときには、次の表現を使う。

◉Please wait here for a moment.
　こちらで少々お待ちください。

◉Mr.Hayashi will be back in about five minutes.
　林は5分ほどで戻ってまいります。

◉Would you please take a seat ?
　どうぞおかけになってください。

6 [ビジネス]での英会話

◉Let me see if he is available.
　手があいたかどうか見てまいります。
　"レッミースィー・イフ・ヒーズ・アヴェイラブル"の要領で発音する。

◉This way, please.
　こちらへどうぞ。
　相手を案内するときの表現。"ズィスウェイ・プリーズ"。決して"ジィスウェイ…"とならないようにしたい。

　"接待"というと、大変やっかいな感じがあるが、食事に誘ったり、自宅へ呼んだり、ショッピングの手助けをしたりと、日常表現をある程度使いこなせる人なら、そんなに難しいことはない。

◉I'd like to see Kabuki with you while you're here in Japan.
　あなたが日本にいらっしゃる間に、歌舞伎をご案内したいのですが。

◉If you'd like, I'll help you with your shopping and sightseeing around city.
　もしよろしかったら、ショッピングと市内見物のおつき合いをしたいと思いますが。

◉Tell me where you'd like to visit, please.
　行きたいところがおありでしたら、どうぞおっしゃってください。

◉Are you free tomorrow evening？
　明晩、おひまですか？

◉Why don't you join me for dinner？
　夕食を一緒にいかがですか？

86

"ビジネス"の会話もこれで安心 ❹

> "ビジネスライク"な表現に慣れる

レッツ　ゲッ　ダウン　トゥー　ブラス　タックス
Let's get down to brass tacks.
ビジネス本題に入りましょう

> "自社の説明"ができる──これがまず基本

　業種によってビジネスに関する表現は、さまざまである。しかし、一般的には取引きで考えられるシーンは、次の3つに集約される。

　①会社の概要がちゃんと説明できるか？
　②価格、条件の交渉表現がいえるか？
　③クレームの処理ができるか？
　信用を得るために自社の説明はきちんと頭に入れておきたい。

◉We make all the parts by using robots.
　わが社は全部品をロボットを使って製造しています。

◉We have never been financially embarrassed.
　わが社はこれまでに1度も、資金面で行き詰まったことはありません。

　financially embarrased は "ファナンシャリー・インバラスト" と発音する。表現の内容から考えて、never "ネバー"「決して…ない」を強調すること。

◉Our business territory covers five branches and two subsidiaries.
　わが社は5つの支店と2つの子会社をカバーしています。

6 [ビジネス]での英会話

business territory "ビズィネス・テリトリー" は「事業規模」を意味し、subsidiaries "サブスィジュアリーズ" は「子会社」の複数形。ちなみに、子会社が1社なら "a subsidiary" となる。

◉ Our company was incorporated in 1968.

わが社は1968年に株式会社（法人組織）となりました。

incorporated は "インコーポレィティッド" と発音する。「1968年」のように西暦は、19-68と2つに分けて "ナインティーン・スィクティエイト" と発音する。(第4章 "トラブル" 篇の「数字」の項を参照)。

◉ We have a joint venture with an American company in Chicago.

シカゴに現地会社との合併会社をもっています。

joint venture "ジョイント・ヴェンチャー" は「合併会社」を意味する。

相手会社への質問は次の通り。

◉ What are your main products ?

御社（おんしゃ）の主力製品（商品）は何ですか？

◉ Do you have your own sales network ?

御社独自の販路をおもちですか？

◉ Could I see some catalogues of your products ?

御社の商品カタログを拝見できますか？

◉ What's your monthly production ?

御社の月間生産高はいかがですか？

◉ Are you doing business in the United States ?

アメリカでも商売（ビジネス）をされていますか？

アメリカは、一般に "ユナイティッ・ステイツ" という。

難しいのが、価格の交渉やクレームの処理である。実際の商取引きでは、考えられないほど多くの場面が現実には起こる。ここでは一般に共通する表現を示してみた。各自、これらの表現をベースに独自の表現にトライしていただきたい。

◉There's no more room for negotiation.
もう交渉の余地はないですね。

◉We have to get your answer within five days.
5日以内に（Yes, No の）ご返事をいただきたいのです。

◉Your prices are a little high.
そちらのおっしゃる価格は少々高いですね。
high は"ハイ"と発音する。

◉The problem is the price.
問題点は価格です（高いです）。

◉The problem is the finishing of your products.
問題点は、御社の製品（商品）の仕上げです。
これは、「そちらの製品は仕上げが粗いですよ」と伝えている表現。率直に、「仕上げが粗いね」なら、"rough"（ラフ）を使う。

品物について問い合わせが来たら…。

◉We'll check it.
調べてみます。

◉We'll call you back as soon as possible.
早速、おり返しお電話をさしあげます。

◉That'll be no problem.
問題ありません。

◉I can't understand.
そんなはずはありませんよ。

7

ENGLISH FOR EVERY SCENE

通じる英会話
微妙なニュアンスも
これでOK!

CHAPTER 7

87

微妙な"ニュアンス"が通じる❶

"見る""見える"に関する表現──

Your mother looks young.
あなた(きみ)のお母さんは若く見えますね

> see, look, watch の区別ができているか

　外国人と話しているときに"このニュアンスを英語でいえたらなあ…"と、心の中でくやしい思いをした人は多いのではないだろうか。

　すでに本書の中に登場した His name has slipped on my mind.「彼の名前をど忘れしました」なども、この種の表現の1つである。"今まで知っていたのに、くやしい…、えーッと"という感じが「ど忘れ」である。

　本章では、この種の表現をとりあげてみたい。ただし、1つだけ注意しておきたいのは、表現そのものが面白いからとりあげるのではなく、きわめて日常的な表現で、しかも重要性があるからということである。

　見出しの表現は、「…は若々しいですね」と考えてもよい。"look"というと条件反射のように"見る"と答える人が非常に多い。look at …なら「…を見る」である。

　look の後に、人や物の状態を表わす言葉(形容詞)がくれば、「…のように見える」と考えるべきだ。

◉You look young for your age.
　年齢のわりに、あなたは若いですね。

7 微妙な[ニュアンス]もOK

◉ We should take a long range view on the matter.
その件に関しては、長い目で見る必要がありますよ。

take a long range view（テイカ・ロング・レインジ・ヴュー）とは"長期間の観測、見解"のことだから「長い目で見る」と考えられる。

◉ Can you tell a fake diamond from real one ?
あなた、本物と偽のダイヤモンドの見分けがつきますか？

tell は「伝える」ということ。tell 〜 from …のパターンになると「…と〜を見分ける；区別する」の意味になるのだ。

I can't tell a Frenchman from an Italian.「イタリア人とフランス人の見分けができません」のように使う。

◉ Don't watch TV till late at night, Taro.
太郎、夜遅くまでテレビを見てはいけません。

「テレビを見る」や「野球を見る」などは watch（ウッォチ）を使う。これに対し、「劇を見る」や「映画を見る」は see（スィー）を使う。

ただし「テレビで番組を見る」のは see を使う。

My hobby is to watch baseball games with beer.
「趣味はビールを飲みながら、野球を見ることですよ」
I saw a American movie on TV last night.
「昨夜は、テレビでアメリカ映画を見ました」
How about seeing a movie?
「映画を見るのは（見に行くのは）どう？」

「見る」に関する動詞は、基本的に次のような意味をもつ。

see →　　　意識しなくても自然に目に入ること
look（at）→見ようとして、目を向けること
watch →　　人や物の動作や状態を観察すること

88

微妙な"ニュアンス"が通じる❷

"言う""伝える""話す"に関する表現

メイカ　　ロング　　ストーリー　ショート　　プリーズ
Make a long story short, please.
かいつまんで話してくれますか

---

say, tell, talk の3語を使いこなせ──

　日常の基本動作の1つが「言う」ことである。この意味でまず登場するのが say, tell, talk の3語である。これらの語の基本的な意味は、次の通り。

　say→声に出して、自分の意見などを述べること
　tell→ある情報を伝えること
　talk→じっくりと内容のある話をすること

　ほとんどの「言う」ことは、以上の3語をキーにしてできあがっている。

◉Please say hello to John.
　ジョンによろしく伝えてください。
「ジョンにハローと言ってください」だから上の意味になる。

◉What do you say to going shopping ?
　ショッピングに行ったら？
　What do you say to …ing のパターンは、「…するのはどうですか？」の意味で、人にすすめたり、誘ったりするときの表現の1つ。
　How about …?, Why don't you …?などの表現とほぼ同じ意味でよく使われる。

7 微妙なニュアンスもOK

◉Talking of soprts, do you still enjoy golf？
　スポーツと言えば、まだゴルフをやってるの？

　日常の会話では非常に頻繁に使う表現が、Talking of …（トーキングオヴ）である。相手の言葉を受けて、話を転換させるのに絶好のフレーズである。

◉I told him to wash your car.
　彼にあなたの車を洗うように言っておきました。

　told（トウルド）はtellの過去形。tell＋人＋to〜のパターンは、できるだけ早くマスターしていただきたい。
「…さんに〜するように言う」ことで、「〜しないように言う」としたければtoの前にnotをつける。
　I'll tell Hanako to call you up.
「花子に、あなたに電話するように言っておきます」
　Mother told me not to go out at night.
「母が夜は外出しないようにって私に言ったの」
　say, tellを使った表現は無数にある。辞書を開いて、両語の意味、例文などをもう1度確認していただきたい。

89

微妙な"ニュアンス"が通じる❸

"好き""嫌い"に関する表現──

シィー ハザ スウィート トゥース
She has a sweet tooth.
彼女は甘い物が大好きです

like だけしか使えないと、会話は単調になる

ちょっとした会話の中にも、必ず顔を出すのが「好き」「嫌い」に関する表現である。

「好き」に関して、like (ライク) だけしか使えないと、会話が単調になる。人間は感情の動物だといわれるが、少しくらい発音がまずくても、感情の度合いに応じた表現ができる人が本当の会話上手だ。

外国人とのパーティーなどで、この種の表現のうまい人はすぐに友人ができるから不思議だ。

◉I love Sushi.

すしが大好きです。

love (ラヴ) は男女間の愛だけに使われるのではない。「とても好き」を表わすにはこの語が最適だ。

ただし、love のあとに異性の名前がくれば「好きです」そのものの意味になる。

◉My father is fond of fishing.

父は魚釣りが好きです。

be 動詞 (am, are, is, was, were) + fond + of …のパターンは like の代用として使われる。学校で "be fond of" を習

7 微妙な[ニュアンス]もOK

ったのを覚えている人が多いはず。

Are you fond of sports ?「スポーツは好きですか？」

◉I've come to like beer. I didn't touch alcohol.

ビールが好きになりました。アルコールには手を出さなかったんですが。

come to like …（カムトゥー・ライク）は「…を好きになる」の意味。

◉What kind of subjects did you go in for ?

どんな科目（学科）が好きでしたか？

学生、または学生時代をしのぶ人の話題である。go in for（ゴウイン・フォア）とは、勉学、趣味、流行など個人の趣向に「好きで打ちこむ」ことを表わす。

What kind of …（ホワッカイドヴ）は「どんな種類の…？」の意味を表わす便利なパターン。

What kind of ｛ fruits do you like ?（フルーツ）
　　　　　　　food do you like ?（フード）

◉I don't like that song.

その歌は嫌いです。

◉Raw fish goes against my stomach.

生の魚（さしみ）は私に合いません。

go against（ゴウアゲィンスト）は「肌に合わない」ことを表わす。stomach（スタマック）とは「胃袋」のこと。

◉I hate you !

お前なんか大嫌いだ。

これは強烈な表現。hate（ヘイト）は「憎む」こと。

90

微妙な"ニュアンス"が通じる❹

"うれしい" "幸せ" "悲しい"の表現

アィム ヴェリィ グラットゥ ヒァ ザッ
I'm very glad to hear that.
それを聞いてとてもうれしいです

---

happy, glad, sad がキーワード

「うれしい・悲しい」の感情表現が、世界一苦手なのは日本人である。世界の常識でいえば感情を心に秘めている人間は決して"奥ゆかしい"のではなく"何を考えているのかわからない─気持ち悪い─ヤツ"ということになる。

何も、ギャーギャー騒げといっているのではない。自然に心に起こった「うれしい・悲しい」の感情を素直に、言葉や表情に出したほうが誤解を避けやすいということだ。

◉ I'm so happy to meet you.
お会いできてとても幸せです。

見出しの表現で使った glad やこの happy（ハッピー）は、「…してうれしい」「…して幸せ」を表わすパターンである。

I'm glad to get it.「それを手に入れてうれしい」
I'm glad to come here.「ここに来てうれしい」
I'm happy to have a baby.「赤ん坊が生まれて幸せ」

◉ I'm very glad that my son passed an exam.
息子が試験に合格してうれしいです。

glad の後に to …がくる代わりに、長い表現（文）がきている。これは「〜が…してうれしい」と、ちょっと複雑なパター

7 微妙な[ニュアンス]もOK

ンとなっている。

I'm very glad that my daughter's engaged.
「娘が婚約して、私はとても喜んでいます」

◉Are you pleased with your new house ?
新しい家は気に入りましたか？

be pleased with …は「…に満足する」という意味。だから「…で喜んでいる」と解釈してもよい。

I'm please with the car.「その車に満足してます」

それでは次に、喜びと反対の"悲しい""心配な"を見てみることにしよう。

◉I'm sad, because my grandpa passed away last night.
悲しいです。祖父が昨夜、亡くなったんです。

◉I'm anxious about your health. Don't drink much.
あなたの健康が気がかりです。あまり飲まないで。

◉I've got the blues today.
今日は憂鬱ですよ。

blues（ブルーズ）とは「憂鬱」の意味。青色ではない。

91

微妙な"ニュアンス"が通じる❺

"天候・気候"の表現にもいろいろある

This summer is cooler than usual.
この夏は例年に比べると涼しいです

日本特有の気候表現をものにしておく

　天気・気候の表現では、「つゆ」や「台風」などの日本独特の事象を確実に表わすことができるようにしておきたい。特に、日本に住んでいる外国人のなかには「つゆ」を話題にする人が圧倒的に多い。

◉It's a lovely day, isn't it？
　いい天気ですね。

　天気予報などのように、情報としての正確さが必要な表現では fair（フェア）が「晴れ」として使われる。

◉I'm afraid it's going to rain this evening.
　夕方には雨になるんじゃないかと思います。

◉The rainy season has set in.
　つゆに入りました。

　rainy season（レイニー・スィーズン）は「雨期」のこと。天候を表わす名詞つまり、rain「雨」、snow「雪」、fog「霧」に"y"がつくと"…っぽい"感じが生まれる。

　rainy→雨が多い、しとしと降る、snowy（スノウィー）→雪が多い、foggy（フォギー）→霧が多い。

　sun「太陽」も同様に変化させると sunny（サニー）となり

7 微妙な[ニュアンス]もOK

「陽当たりのよい」となる。

- It's hot and humid, isn't it ?
  蒸し暑いですね。
  日本の夏の蒸し暑さは"ホッアンヒューミッド"で表わす。

- We have much snow in Niigata.
  新潟では雪が多いです。

- Winter was very early in coming this year.
  今年は冬になるのが早かったです。

- The weather seems to have settled.
  天気も定まったようです。
  seem(s) to …は「…のようだ」を表わす。

- The days are getting shorter and shorter.
  だんだん日が短くなってきました。
  表現の最後 shorter and shorter のように形容詞の比較級を and でつなぐと「しだいに…の状態になる」ことを表わす。

- The typhoon is coming.
  台風がきています。

- I'll go there rain or shine.
  晴雨にかかわらず、私はそこへ行きます。

- We have heavy snow here in Japan right now.
  こちら日本ではひどい雪になってますよ。

- It's rainning hard here.
  こちらでは激しく雨が降ってますよ。

- It has been snowing here since yesterday.
  こちらでは、昨日から雪が降りつづいています。

- It's rather warm for December, isn't it ?
  12月にしては暖かいですね。

92

微妙な"ニュアンス"が通じる❻

"料理""食事"の話題はこう表現する

It's time for lunch.
（イッツ　タイム　フォー　ランチ）
昼食の時間です

食事を共にする表現を身につけよう

料理や食事に関する表現は、これまでも各項目の表現の中で扱ってきた。ここでは、さらに一般的な日常表現を見ていただきたい。

◉ What do you have for breakfast?
朝食には（毎朝）何をとりますか？

これは一般的に、朝食は何を食べるかという表現で、あなたの家にお客様が泊っているのなら "What would you have tomorrow morning?" でいいだろう。

親しい間柄なら "What do you want tomorrow morning?" でよい。

◉ Let's chat over some beer.
ビールでも飲みながら話そうよ。

◉ Won't you have another cup of tea?
お茶をもう1杯いかがですか？

◉ I haven't had my lunch yet.
まだ昼食を食べていないんだよ。

◉ How about a second helping?
おかわりはどう？

7 微妙な[ニュアンス]もOK

- They serve very good salad at the restaurant.
  あのレストランでは、なかなかいけるサラダを出しますよ。
- I'm going to eat out tonight with her.
  今夜は彼女と外で食事をするつもりですよ。
- Supper is ready.
  夕食ができました。
- I'm afraid he is at table.
  申し訳ないんですが、彼は食事中です。

調理法に関する表現は次の通りである。

- Tell me how to cook this.
  これの料理法を教えてください。
- You dip it into batter before frying.
  揚げる前に衣にそれをくぐらせるのよ。
- First, season the fish with salt.
  まず、塩で魚を味つけするの。
- The point is a dash of garlic.
  大切なのは少々のにんにくよ。

微妙な"ニュアンス"が通じる❼

"ファッション""住宅"などの話題は

I live in a condominium.
(ア　リヴ　イン　ナ　コンドミニアム)
私は分譲マンションに住んでいます

この手の話題は親しくなったら大いに役立つ

きわめて普通の話題である。親しく語り合えば、当然ファッションや住宅問題などへ話がおよぶはずだ。

◉What's in fashion here ?
こちらでは何が流行してますか？

◉Mini skirts are out of fashion in Tokyo.
東京ではミニスカートは流行遅れです。

◉Kimono is very expensive.
キモノはとても高価です。

◉Our daughter is very particular about her clothes.
娘は着るものにとてもやかましいんです。
particular は"パーティキュラー"と発音する。

◉My pantyhose had a run.
私のパンストが伝線しちゃったの。
pantyhose は"パンティホウズ"と発音する。

◉I like a dress in floral prints.
私は花模様のドレスが好き。

◉This ring is rather loose. Could you fit this ?
この指輪はゆるいわ。サイズを合せてくれます？

7 微妙な[ニュアンス]もOK

　日本に少しでも住んでいる外国人なら、日本人と同様に住宅問題には関心がある。

　親しくなって、話がはずむと必ず、アパート、家賃などの話が出る。

◉I live in an apartment house.
　私はアパートに住んでいます。

　"アパート"だけでは通じない。"アパートメント・ハウス"と発音する。

◉My room faces (the) south.
　私の部屋は南向きです。

　この face（フェイス）は「顔」ではなく、動詞で「…のほうを向いている」という意味。

　I'd like a room facing seaside, please.
「海を見晴らせる部屋にしてください」

◉I hear you moved to Yokohama.
　横浜へ引越したそうですね。

◉There is no place like home.
　住めばみやこ。

　諺である。土地や家の話題の中では、このような諺は、あらゆる言葉をとりこんで非常に有効である。

　ファッションの話題でも、服をほめられて"Fine feathers make fine birds."（ファイン・フェザーズ・メイク・ファイン・バーズ）と言葉を返す手がある。「馬子にも衣装です」という意味。ついでにウィンクの1つでもできたらベストである。

◉It's difficult to solve the housing problem of Tokyo.
　東京の住宅問題を解決するのは難しいです。

　solve は"ソルヴ"、problem は"プロブレム"と発音する。

94

微妙な"ニュアンス"が通じる❽

"旅行""交通事情"に関する表現は

イ ゼアラ　　　バス　　サーヴィス　　トゥーザ　　プレイス
Is there a bus service to the place ?
そこへはバスで行けますか?

リスニング力も必要な交通情報

　交通情報に関する話は、こちらから一方的にいうだけではなく、相手の言葉を聴き取る力も必要である。聴く力がなければ正確な情報を伝えることもできない。

◉Hurry up, and you can catch the last train.
　急ぎなさい。最終電車に間に合いますよ。
　電車などの最終電車に「うまく間に合って乗る」にはcatch（キャッチ）を使う。catchの基本的な意味は「動いているものを捕える」こと。

◉The train was so crowded.
　電車はひどく混んでいました。
　crowdedは"クラウディッド"と発音する。

◉I kept standing all the way.
　ずっと立ち通しでした。
　kept（ケプト）は、keep（キープ）の過去形。keepに…ingがつくと「…しつづける」意味になる。
　I kept waiting for her there.
　「そこで彼女を待ちつづけました」

◉The plane will take off Haneda one hour late.

7 微妙な[ニュアンス]もOK

　　その便（飛行機）は羽田を１時間遅れで飛び立ちます。
◉We're going to stop over at Salt Lake City.
　　私たちはソルトレイクシティーで途中下車します。
◉Is this train for Kenshington?
　　この列車はケンジントンへ行きますか？
　「行き先」には for を使う。
◉How often does the bus leave here a day?
　　バスは１日に何回出ますか？
　　回数をたずねるときは、How often …?、または How many times …? のパターンを使う。

　　How often do you play golf a month?
　「１か月にどのくらいゴルフをしますか？」
◉It takes about thirty minutes to get there.
　　そこに着くのに約30分かかります。
◉You can go from Tokyo to Kyoto in about three hours.
　　東京、京都間は約３時間で行けます。
　　from ～ to …のパターンは「～から…まで」を意味し、時間にも場所にも使う。

　　We traveled from New York to Chicago.
　「私たちはニューヨークからシカゴまで旅をしました」
　　I'll be out from 8 to 4.
　「８時から４時まではいません」
◉You'd better not take a cab.
　　タクシーに乗らないほうがいいですよ。
◉Traffic is very heavy during rush hours.
　　ラッシュアワーのときは交通が渋滞します。
　　traffic は"トラフィック"と発音する。

95

微妙な"ニュアンス"が通じる❾

"数"についての表現に慣れる①

Let's watch channel 7.
レッツ　　ウォッチ　　　チャヌル　　セヴン

7チャンネル(のテレビ局)を見よう

日常生活に密着した数字は頭に入れておくこと

「トラブル編」(P.138〜142)では数字の基本的な表わし方を示したが、ここでは身近な数字の表わし方を示す。時刻に関する表現はよく知られているが、それ以外の数字は、日本語では簡単に使っているのに英語になったとたんにほとんど出てこない。特に、自分に関する数字はいえるようにしておきたい。

● Shall we meet at ten a.m.?

午前10時に会いましょうか?

a.m.(エイエム)は「午前」を表わす。「午後」はp.m.(ピーエム)。

● I've been to Hawaii twice.

ハワイには2度[回]行ったことがあります。

I've been to …(アイヴ・ビーン・トゥー)は「…へ行ったことがある」の意味。twice(トゥワイス)は、「2度」を表わす。「1度」ならonce(ワンス)、「3度」以上は数字プラスtimesを用いる。

● Three pounds of beef, please.

牛肉を3ポンドください。

pound(パウンド)は重さの単位(1ポンド=約450g)。

7 微妙な[ニュアンス]もOK

Let's watch channel 7.

ちなみに、kgをポンドに換算するときは、(キロ−1割)÷2 の数式を使うと大変便利である。

- My temperature is thirty-seven point six.
  私の体温は37度6分あります。
- I was born on July fifteenth in 1975.
  私は1975年7月15日生まれです。
- I bought a TV set that has twenty-nine inches screen.
  私は29型のテレビを買いました。
- My size may be seven and a half.
  私の(靴の)サイズは7 1/2です。
- Take two tablets three times a day, please.
  1日に3回、2錠ずつ服用してください。
- Five C forty-six cassette, please.
  46分テープを5個ください。
- The program is on eighty six point three megahertz.
  その番組は86.3Mhz です。
  megahertz は"メガハーツ"と発音する。

96

微妙な"ニュアンス"が通じる❿

"数"についての表現に慣れる②

How high is the tower?
（ハウ　ハイ　イズ　ザ　タウワー）

あの塔の高さはどのくらいですか？

数量をたずねるときは、How …を使え

この項では、数量の疑問や測定単位について見ていきたい。

数量のたずね方で活躍するのが How（ハウ）「どのくらい」である。次のパターンを見ていただきたい。

How {
- old 「年をとっている」
- tall 「背の高さがある」
- long 「時間が長い、長さが長い」
- deep 「深い」
- wide 「幅が広い」
- high 「高さがある」
- far 「距離が遠い」
}

以上の組合せで、いろいろな数量をたずねることができるのだ。

◉ How old is the dog?
　その犬は何歳ですか。
　── It is three years old.「3歳です」

◉ How tall are you?
　身長はどのくらいですか？
　── I'm five feet eight inches.「5フィート8インチ（約172cm）です」

7 微妙な[ニュアンス]もOK

- How long is that bridge ?
  あの橋はどのくらい長いですか？
  ——It's about a hundred meters long.「約100メートルです」
- How long does it take to go there ?
  そこへ行くのにどのくらい時間がかかりますか？
  ——It's about 10 minutes.「約10分です」
- How deep is the lake ?
  その湖はどのくらい深いですか？
  ——It's about fifty meters deep.「約50メートルの深さがあります」
- How wide is the stage ?
  その舞台の幅はどのくらいですか？
  ——It's twenty-five meters wide.「25メートルの幅です」
- How high is that mountain ?
  あの山の高さはどのくらいですか？
  ——It's two thousand meters high.「2,000メートルの高さです」
- How far is it from here to the station ?
  ここから駅までの距離はどのくらいですか？
  ——It's about four hundred meters.「約400メートルくらいの距離です」
- How large is your family, if I may ask ?
  ご家族は何人ですか？
  ——We're four.「4人です」

  if I may ask は、「もしよろしければ（教えてください）」の意味である。

97

微妙な"ニュアンス"が通じる⓫

"外国"に関する話題をどう使うか

ハヴ　ユー　　　エヴー　ビーン　アブロウド
Have you ever been abroad?
外国へ行ったことがありますか?

相手の国や故郷の話題は喜ばれる

海外から日本に来ている人にとって、自分の国や故郷に関する話題や質問はうれしいもの。相手と親しくなろうと思ったら、こちらから積極的に質問を用意しておくとよい。質問されて怒る人はいない。

◉ Tell me about your country.
お国の話をしてください。

「故郷のこと」というときは、about 以下を your hometown に置き換える。

◉ I first went to London, where I stayed for a week.
まずロンドンへ行って、そこには1週間いましたよ。

◉ Human nature is almost the same everywhere.
どこでも人情はたいして変わらないものです。

human nature は"ヒューン・ネイチャー"と発音する。

◉ I was very surprised to find many Toyotas and Sonys everywhere.
いたる所でトヨタ車やソニーの製品を見つけて驚きましたよ。

I was very surprised は"アイウォズ・ヴェリー・サプライズドゥ"の要領で発音する。

7 微妙な[ニュアンス]もOK

◉ Is it colder in New York than in Tokyo ?
　ニューヨークは東京より寒いですか？

◉ I've never been to your country.
　あなたの国へは1度も行ったことがないんです。

　never（ネヴァー）は「決して…ない；1度もない」の意味を表わす強い否定語。

◉ Last week my father came back from his trip to London.
　先週、父はロンドン旅行から帰ってきました。

　表現の最初の last week は「先週」という意味だが、このような時を表わす語句は、文の一番最初に置いても、最後に置いてもよい。

◉ So many countries, so many customs.
　所変われば品変わる。

　諺である。

　次に主な国の名前と、その国民を見ていただきたい。

国　名	〜国語(の)	〜人(個人)
American（アメリカ）	American	an American
China（チャイナ）	Chinese	a Chinese
England（イングランド）	English	an Englishman
France（フランス）	French	a Frenchman
Germany（ジャーマニー）	German	a German
Japan（ジャパン）	Japanese	a Japanese
Switzerland（スイッツァーランド）	Swiss	a Swiss

微妙な"ニュアンス"が通じる⓬

"適切な応答"をするためのノウハウ

アイ　ウェントゥー　　ハワイ　　　ディジュー
I went to Hawaii. Did you ?
ハワイに行ったんだ。　　あツそーですか

「オウム返し」を身につける

　相手の言葉をすばやく受けて応答するには、リスニング（聴き取り）に慣れていないと大変だ。

　最初からなかなかうまくはいかないが、あきらめずに実行してみること。

　意識してトライしているうちに、しだいに上手になる。まず、次のことを守ることだ。

　①相手が動詞を使ったら──→do, did, don't, didn'tで受ける
　②相手が助動詞を使ったら──→助動詞で受ける
　③相手が否定の表現をしたら──→否定で受ける

　つまり、オウム返しにすることによって「そーですね」「そーですか」の応答ができあがる。

◉I am a teacher.　　Are you ?
　私は教師です。　　そうですか。

◉I was a student then.　　Were you ?
　私はそのとき学生でした。　　そうでしたか。

◉I like apples.　　Do you ?
　私はりんごが好きです。　　そう。

　以上、おわかりのように相手が "I" → "you" のように受け

7 微妙な[ニュアンス]もOK

> I went to Hawaii.

> Did you?

ている。

- I don't like bananas.　　Don't you?
  私はバナナが嫌いです。　そうですか。
- Taro can swim well.　　Can he?
  太郎は水泳が上手です。　そうですか。
  Taro に対して he で受けている。
- Hanako couldn't sleep.　　Couldn't she?
  花子は眠れませんでした。　そうですか。
- I will call you up tomorrow.　　Oh, will you?
  明日、電話するよ。　　　　　あっそう。
- Father won't forgive you.　　Won't he?
  父はあなたを許さないわよ。　そうか。
- I have finished my work.　　Have you?
  仕事を終わったよ。　　　　そうか。
- She hasn't come yet.　　Hasn't she?
  彼女はまだ来ないよ。　そうなの?

　2人で向かい合って練習すると、効果が上がる。

微妙な"ニュアンス"が通じる⓭

"面接""交渉"はこうして乗りきる

ズィ　　　アプリケイション　　　　ナンバー　イズ　サーティナイン
The application number is 39.
受験番号は39番です

英語の面接で注意すべきことは5つある——

　面接といっても入社試験、英語検定、留学選考などいろいろ考えられる。また、海外で部屋を借りるような交渉も同様だ。

　各々の状況で実施される、これらの面接では、統一した形式があるわけではない。そこで、一般的に考えられる質疑応答を考慮して、必要な表現を示してみたい。

　英語の面接では、次のことに注意していただきたい。

①相手の質問に対して"Yes.""No."だけの答えは避ける。
②「わかりません」「知りません」、つまり"I don't know."を連発しない。うその答えはもっとまずい。
③たびたびの聞き返しはまずいが、聞き取れなかったら"I beg your pardon."といって質問を確認する。
④謙遜は通じない。
⑤同じフレーズを頻繁にくり返さない。

◉ Please sit down.
　どうぞお坐りください。
　"プリーズ・スィッ・ダウン"といわれてから着席する。

◉ Please state your name.
　お名前をおっしゃってください。

7 微妙な[ニュアンス]もOK

state（ステイト）とは「述べる」という意味。ある事実を明確に述べることで、面接や記者会見のような場合に用いられることが多い。

◉ What are your qualification ?
　どのような資格をおもちですか？
　qualification は"クォリフィケイション"と発音する。

◉ Who is the person we can refer you to ?
　あなたのことを照会する人物はどなたですか？

◉ Why do you apply for this ?
　応募動機は何ですか？

◉ You can leave now. Thank you.
　これで結構です。ありがとうございました。

次に、アメリカでアパートを借りるときの表現を見ていただきたい。

◉ Who is the landlord ?
　家主さんは誰ですか？

◉ Would you mind showing me the room ?
　部屋を見せていただけますか？

◉ How much do you ask for this apartment ?
　部屋代はいくらですか？

◉ Who is the caretaker ?
　管理人は誰ですか？
　家主のほうから、支払いについて──。

◉ One hundred and sixty dollars per month.
　月160ドルです。

◉ Will you pay one month in advance ?
　1か月分を前払いしてください。

微妙な"ニュアンス"が通じる⓮

"英語""外国語"に関する話題の使い方

Do you speak Japanese?
ドゥー　ユー　　スピーク　　　ジャパニーズ

あなたは日本語を話しますか？

相手から「英語が上手」とホメられたら…

もしもあなたの英語が、英語を母国語とする人にほめられたとしたら、それはあなたの英語がまだ、たどたどしいことを表わしているのだ。

なぜなら、本当に英語がコミュニケーションの手段として機能していれば、英語のことなど気にならず、話の内容だけに気持ちが集中するからだ。

結論としては、あなたの英語力そのものが多少ぎこちないとしても、ポイントをおさえた会話であれば、「英語が上手ですね」などの"お世辞"に話がおよぶことはない。

逆に、外国から日本語を学びに来た人、すでに多少の日本語を話す人に出会ったら、相手の日本語をお世辞でほめる必要はない。

ストレートに、話の内容について反応をすべきだ。その態度が、実は最高の賞賛だからだ。

見出し表現の書き出し"Do you speak …"をもう1度確認していただきたい。

決して"Can you speak …"ではない。言語について、外国語を話す、話さないはその人物の人格、能力とは関係のない

7 微妙なニュアンスもOK

ことだ。

まず、母国語をきちんと"話せるか"どうかが重要だと思うが、いかがだろう。

◉I can't make out the meaning of this word.
この単語の意味がわかりません。

◉I taught myself.
独習しました。

これは、どうやって英語を勉強したの、とたずねられたときの返事である。

◉I taught myself English from books.
本で英語を独習しました。

taught は teach「教える」の過去形で"トートゥ"のように発音する。

シーン別
その場で通じる英会話
2002年11月15日　初版第1刷発行

著者 …………尾山　大
発行者 …………籠宮良治
発行所 …………太陽出版
　　　　　　　東京都文京区本郷 4-1-14　〒113-0033
　　　　　　　電話03-3814-0471／FAX03-3814-2366
　　　　　　　http://www.taiyoshuppan.net/
印刷 …………壮光舎印刷株式会社
　　　　　　　株式会社ユニ・ポスト
製本 …………井上製本
製版 …………斉藤隆央プロジェクト
装幀 …………＆SPICE INC.
印字 …………ベル企画